Kampfhunde I – von Dr. Dieter Fleig

Dr. Dieter Fleig

Kampfhunde I

KYNOS VERLAG

2. Auflage 1990
© KYNOS VERLAG Helga Fleig,
Am Remelsbach 30
5537 Mürlenbach/Eifel
Erstauflage 1981
ISBN-Nr. 3-924008-02-7
Alle Rechte vorbehalten. Kein Teil dieses Buches darf nachgedruckt,
in ein Mediensystem aufgenommen oder übertragen werden ohne vorherige
schriftliche Genehmigung des Verlages.

Inhalt

Die Blutspur Ein Geleitwort von Ulrich Klever   S.   7

Vorwort   S.   9

Einleitung
  1. Die Entwicklung der Hunde zum Spezialisten   S. 11
  2. Die Entstehung der Kampfhunderassen   S. 14

Die Aufgaben der Kampfhunde
  1. Kriegshunde   S. 18
  2. Jagd auf wehrhaftes Wild   S. 23
  3. Kampf gegen Bären und Löwen   S. 47
  4. Kampf gegen den Bullen   S. 56
  5. Kampf Hund gegen Hund   S. 86
  6. Kampf mit dem Dachs   S. 101
  7. Kampf gegen Ratten   S. 110
  8. Weitere Kämpfe – Gegen Affen, Opossum, Schwein, Pferd, Esel   S. 115
  9. Kampf gegen den Menschen   S. 123
 10. Das Verbot der Tierkämpfe   S. 128

Die Blutspur

Ein Geleitwort von Ulrich Klever

Kampfeslust und Todesmut, das sind die Eigenschaften, die wir hierzulande bei den Kampfhunderassen schätzen. Deshalb werden Geschichten aus ihrer Geschichte glorifiziert und wird immer wieder nach Hunden von bedingungsloser Schärfe und Wildheit gefragt. Dabei sind diese Gedanken vom richtigen Mann und seinem tapferen Hund doch nur romantische Phantasien, denn wer kann und will schon im modernen Alltag mit einem Hund zusammenleben, der eine Blutspur hinter sich läßt, wo auch immer er auf Andere (= Gegner) trifft.

Dieser Traum vom treuen, vierbeinigen Tod als Begleiter geistert durch viele Männerköpfe. Das zeigt die steigende Zahl der Hunde vom Bullterrier bis zum Mastino, die in oder bei Familien leben und die wesentlich größere Dunkelziffer derjenigen, für die ein Kampfhund der Traumhund ist, wenn ihm nicht die Realität von Frau, Umwelt und eigener Art »nur« einen Pudel oder Basset oder gar keinen Hund erlaubt.

Für die Kampfhundehalter wie für die Kampfhundeträumer ist dieses Buch gleichermaßen wichtig. Es zeigt die wirkliche Geschichte dieser Rassen, die von Menschen meist aus Profitgier und mißverstandener Sportlichkeit planmäßig gezüchtet wurden. Gezüchtet allein zu dem Zweck, bis zum Tode hin zu kämpfen. Wie diese Kämpfe verliefen, kann man in schokkierenden dokumentarischen Beschreibungen lesen. Man braucht, je hundelieber man ist, starke Nerven. Die Lektüre hilft jedoch, das Wesen und die Art dieser Rassen zu verstehen und sie zu führen. Gerade bei ihnen ist die Historie wichtig, weil historische Voraussetzungen sie geschaffen haben. Von Krieg und Jagd einmal abgesehen war es ein pervertierter Sportsgeist. So ist dieses Buch zusätzlich ein Beitrag zum britischen Nationalcharakter.

Der Verfasser hat die präziseste kynologische Geschichtsdarstellung geschrieben, die ich kenne und ich bin in der einschlägigen Literatur mehrsprachig recht belesen. Hier ist alles gründlich recherchiert und dokumentiert, die Illustration ist vorbildlich und in ihrer Fülle einmalig. Wobei diesen Illustrationen der gleiche, wenn nicht noch stärkere dokumentarische Wert beizumessen ist wie dem Text.

Möglich ist dies nur durch die große, in vielen Jahren zusammengetragene Sammlung des Verfassers.

Daß außerdem viel Arbeit und Engagement in einem solchen Buch steckt, weiß ich als Schriftsteller nur zu genau. Dies alles würde nicht genügen, wenn den Autor nicht eine große, langjährige Erfahrung mit der vielleicht kämpferischsten der Kampfhunderassen verbinden würde...

und – das spürt man beim Lesen immer wieder – eine tiefe Liebe zum Hund.

Gut Weisham, den 25. Januar 1981

I. Vorwort

Es ist ein uralter Menschheitstraum, – der Traum vom unbestechlichen, treuen vierbeinigen Begleiter. Die alten Götter, neben ihnen unerschrockene, wehrhafte Hunde – der Weg zur Unterwelt, abgetrennt vom Irdischen durch unbestechliche gewaltige Wächter, diese alten Mythen spiegeln eine Ursehnsucht des Menschen. Er findet Schutz vor seinen Feinden durch seinen tapferen Hund, es erfüllt ihn mit Stolz, Macht über diesen für alle übrigen Menschen und Tiere gefährlichen Lebensgefährten allein zu besitzen. Sein vierbeiniger Begleiter, ihm treu ergeben, macht ihn zum »Übermenschen«, – Gott ähnlich.

Solange der Hund sich dem Menschen beigesellt hat, um gemeinsam mit ihm und für ihn zu leben, solange genießt der Mensch den Schutz, den ihm sein Hund gewährt. War es anfänglich auch nur das Bellen, mit dem der Hund Fremdes warnend ankündigte, so erkannte der Mensch doch recht bald, daß der Hund nicht nur Warner, sondern auch Schützer sein konnte. Das blitzende, mächtige Gebiß seines Hundes wurde für ihn zur wertvollen Waffe im Kampf gegen eine ringsum feindliche Umwelt. Gefährte auf der Jagd, Hüter der Herden, Beschützer von Haus und Familie, der Hund wurde zum ersten und wichtigsten Haustier des Menschen.

Über Jahrtausende begleitet der wehrhafte Hund nunmehr den Menschen. Er zog mit den Kriegern ins feindliche Land als schreckliche Angriffswaffe, er schützte die Wagenburgen, Dörfer und Hütten der Seßhaften gegen die Eindringlinge, verteidigte Frauen und Kinder mit seinem mächtigen Gebiß. Der Hund bewachte die Herden seines Menschen gegen wilde Raubtiere, er wurde zu seinem besten Jagdgefährten gegen wehrhaftes Wild. Wenn man alle die Gebeine der Hunde, welche im Einsatz für Leben und Gut ihres Herrn umkamen, auf einen großen Haufen auftürmen würde, ein gigantisches Knochengebirge würde das Land überragen, Mahnmal für Treue und Verläßlichkeit unseres Hundes.

Dieses Buch ist eine Huldigung an den tapferen Hund, der sein Leben dafür gab und gibt, seinem Herrn zu dienen. Kampfhunde, sie sind sicher die großartigsten Vertreter ihrer Art, sie verdienen Anerkennung, Bewunderung und – Verständnis von uns Menschen. Begleiten Sie mich durch die Jahrtausende gemeinsamer Vergangenheit von Mensch und Kampfhund bis zu den heutigen großartigen Kampfhunderassen.

II. Einleitung

1. Die Entwicklung der Hunde zum Spezialisten

Die Hundezucht in ihren frühesten Anfängen, sobald sie planmäßig betrieben wurde, hatte immer nur zum Ziel, durch überlegte Zuchtwahl den einzelnen Hund zum Spezialisten zu machen. Dabei müssen wir klar erkennen, daß stets der Zweck, die Aufgabe des Hundes im Vordergrund stand – der gute Hütehund, der schnelle Jagdhund, der gewandte Stöberhund, der furchtlose Kriegshund, der zuverlässige Wächter für Haus und Hof, der kleine vertraute Spielgefährte für die Kinder. Hierbei dürfen wir nicht übersehen, daß diese Aufgaben gleichzeitig auch Anforderungen an die äußere Form, an die Anatomie des Hundes stellten. Der Hund, brauchbar zur schnellen Hasen- oder Gazellenjagd auf ebenem und offenem Gelände, er bedurfte einer gewissen Körpergröße, langer Läufe, tiefer, aber schmalrippiger Brust. Der Stöberhund im waldreichen Gebiet, voller Unterholz, von ihm erwartete man dichtes, widerstandsfähiges Haarkleid, er sollte nicht zu hoch auf den Läufen stehen und möglichst spurlaut hetzen. Der Kriegshund, er bedurfte einer imponierenden äußeren Form, der Kraft seiner Kiefer, um Angst und Schrecken einzuflößen. Der Kampf gegen den Bullen erforderte einen Hund, der über dem Boden auf seinen Gegner zukriechend den Bullenhörnern möglichst wenig Angriffsfläche bot und durch Macht und Form seiner Kiefer sich in den Bullenkopf verbeißen konnte, ohne hinweg geschleudert zu werden.

Wenn somit auch die primäre Aufgabe der Hundezucht stets auf gewisse Leistungsmerkmale ausgerichtet war, so brachte die jeweilige Aufgabenstellung auch gewisse anatomische Grundforderungen mit sich, so daß sich typische anatomische und wesensmäßige Rassebilder ausprägten. Dies kann und darf zwar nicht so eng gesehen werden wie etwa bei unserer heutigen Rassehundezucht, wo lächerlicherweise etwa das Fehlen eines einzelnen Zahnes zum Zuchtverbot führen kann. Dennoch zeigen uns alte bildliche Darstellungen immer wieder gewisse einheitliche Rassetypen, etwa für Windhunde, Kampfhunde, Hütehunde, Schoßhunde, so daß man durchaus schon in frühgeschichtlicher Zeit von Grundrassemerkmalen, ja von einem anatomischen Rassetyp sprechen kann.

Es besteht heute keine ernsthafte Diskussion mehr über den Ursprung unserer Hunde. Alle namhaften Forscher stimmen daher darin überein, daß die früher als potentielle Stammväter unseres Haushundes angesehenen »Caniden« Schakal und Fuchs aus der ernsthaften Betrachtung ausscheiden. Alleiniger Stammvater ist der Wolf mit seinen recht zahlreichen Unterrassen. Je nach den geografischen Gegebenheiten finden wir Wölfe in sehr unterschiedlichen Größen und Formen.

Die Anfänge unseres Haushundes sehen einige Forscher bereits zwischen der Altsteinzeit und Jungsteinzeit, vor etwa 15›000 Jahren im »Tomaretus«, einem wolfsartigen Urhund. Es kann nicht Aufgabe dieses Buches sein, in die Diskussion dieser Fragen einzutreten. Wir wissen heute aber mit Sicherheit, daß sich der Mensch seit Jahrtausenden darum bemüht, Hunde zu züchten und dabei eine gewaltige Vielfalt an Rassen erzielt hat. Es ist nicht eindeutig nachzuweisen, ab wann hier eine Planung vorlag und wieweit allein der Zufall wirkte. Aus Funden und Ausgrabungen können wir jedoch mit Sicherheit sagen, daß etwa 3500 v. Chr. Hunde lebten, die unseren heutigen Hunderassen sehr ähnlich waren. Über mehr als 5000 Jahre gibt es daher im Hundereich bereits Spezialisierungen für gewisse Aufgaben. Ein bekannter englischer Hundeforscher (E. C. Ash) behauptet, wenn man den Hunden aus den alten Gräbern heute wieder Leben einhauchen könnte und sie alle frisch und fröhlich auf einer heutigen Hundeausstellung in Konkurrenz zu unseren heutigen Rassen antreten würden, es unsere Preisrichter recht schwer hätten, die Preise richtig zu verteilen. Aus Wandreliefs, Ausgrabungen, Knochenfunden können wir feststellen, daß es über mehr als 5000 Jahre schon Windhunde, Jagdhunde, Kampfhunde und Schoßhunde in den für die Neuzeit typischen Körperformen gegeben hat.

Wir dürfen annehmen, daß die individuelle Rassenentwicklung in engen geografischen Einheiten erfolgte, entsprechend den in diesen Regionen geforderten Leistungen. Sicher gab es in diesen regionalen Beständen häufige Inzucht, begleitet von einer strengen Merze fehlerhafter Nachkommen. Unbrauchbare oder fehlerhafte Nachzuchten wurden nicht gefüttert, nur mit dem Zuchtziel übereinstimmende Hunde fanden Nahrung, Pflege und zweckbestimmten Einsatz.

Hierzu müssen wir jedoch betonen, daß sicher neben der planmäßigen Zucht auf bestimmte Leistungen ein breites Heer namenloser »Bastarde« existierte, etwa vergleichbar unserer heutigen ländlichen Katzenvermehrung. Die Bedeutung der rasselosen Zufallsprodukte in allen Zeiten darf keinesfalls unterschätzt werden, diese Zufallsprodukte bildeten die überwältigende Mehrheit der Hundepopulation. Aus diesem Reservoir kamen sicher auch immer wieder Hunde in die geplante Zucht, wenn sie im Wesen und Exterieur den Anforderungen entsprachen, umgekehrt fielen Fehlprodukte aus der geplanten Zucht in diesen allgemeinen Schmelztiegel zurück.

Bei Grabungen in der Mitte des 20. Jahrhunderts wurde die Richtigkeit obiger Darstellung auf breiter Grundlage bestätigt. Grabungen in Barsbeck (Ortsteil in Schleswig-Holstein), einer Fundstelle aus der Zeit etwa um Christi Geburt, sowie in Feddersen-Wierde, nahe Bremerhaven, Fundstelle aus der Zeit etwa zwischen 50 v. Chr. bis 450 n. Chr., mit zahlreichen Funden von Hundeschädeln, zeigen Variationen zwischen Körpergrößen von Pinschern/Kleinpudeln bis zur Doggengröße. Alle diese Schädelformen zeigen gleitende Übergänge ohne besondere Häufungen, so daß hieraus kein Nachweis über gewisse Rassen geführt werden kann. Hier spiegelt sich das breite Meer der rasselosen Bastarde, demgegenüber treten die wenigen rein gezüchteten Hunde in den Funden kaum in Erscheinung. Andererseits haben wir jedoch genügend geschichtlich einwandfreie Zeugnisse in Literatur, Abbildungen und Funden hinsichtlich der Existenz klar zu diagnostizierender Rassen. Hierauf werden wir bei der Besprechung der einzelnen Kampfhundearten noch zurückkommen.

Fest steht für uns, daß der Mensch durch Rassebildung den Spezialisten zu züchten suchte, die hierbei angelegten Ausgangskriterien sind nicht nur entscheidend für den anatomischen Aufbau dieser Rassen, sondern insbesondere auch für ihr psychisches Rassebild. Die Auswahl nach Leistung, ergänzt durch die Zucht nach zweckdienlichen Körperformen, führte zur Rassebildung und damit zur Arbeitsteilung unter den Hunden. Es kann nicht klar genug betont werden, daß die so geformten Rassen der stetigen menschlichen Pflege und Planung bedurften. Wurden diese vernachlässigt, so glitt die Rasse zurück in das Meer der namen- und rassenlosen Bastarde.

Interessant zu diesem Thema abschließend sind einige frühe Klassifizierungsversuche der alten Hunderassen, wobei für uns besonders interessant ist, daß der Kampfhund stets Erwähnung findet. Einige Beispiele seien angeführt.

I. Römische Klassifizierung
1. canes villatici
2. canes pastorales pecuarii
3. canes venatici
4. canes pugnaces or bellicosi
5. canes nares sagaces
6. canes pedibus celeres

Haushunde
Schäferhunde
Jagdhunde
Kampf- oder Kriegshunde
Spürhunde
Windhunde

II. Gliederung nach Carl Linnaeus (1756)
(schwedischer Naturwissenschaftler)
1. canis domesticus
2. canis jagax
3. canis graius
4. canis mastinus
5. canis aquaticus
6. canis melitaeus
7. canis aegypticus
8. canis fricatrix
9. canis mustelinus

Haushund
Jagdhund
Windhund
Mastiff – Molosser
Wasserhund
Schoßhund
Ägyptischer Hund = Windhund
Mops

III. Gliederung nach Stonehenge in British Rural Sports (1856)
1. Hunde, die Wild für den Menschen finden, der Mensch tötet das Tier. Beispiel Spaniel.
2. Hunde, die das Wild töten, wenn der Mensch es für sie entdeckt hat. Beispiel Greyhound.
3. Hunde, die das Wild selbst finden und selbst töten. Beispiel Foxhound.
4. Hunde, die das vom Menschen verletzte Wild apportieren. Beispiel Retriever.
5. Nützliche Gefährten des Menschen, Wächter und Hofhunde. Beispiel Mastiff.
6. Schoßhunde für Damen. Beispiel King Charles Spaniel.

Weitere Rasseneinteilungen finden wir bei Buffon (1798), der von der falschen Annahme ausging, daß der Ursprung aller Hunderassen im Schäferhund zu finden sei. Die Einteilung seiner Gruppen geht von bestimmten Körpermerkmalen, wie Länge der Läufe, Ohrenhaltung, Kopfform und dergleichen aus. Studer (1901) kommt aufgrund der Schädelformen und Basilarlängen der verschiedenen Hunderassen im Vergleich zu alten Schädelfunden zu einer völlig neuartigen Klassifizierung, geschichtlich orientiert, die über viele Jahre recht zahlreiche Anhänger fand. Seine Theorien sind aber in unserer Zeit von namhaften Wissenschaftlern mit der Begründung angegriffen worden, daß moderne Schädelsammlungen gleichartiger Hunderassen enorme Variationsbreiten aufweisen, aus denen ältere Forscher nach dem System Studer unbedenklich auf verschiedene Rassengruppen geschlossen hätten. Der Hundeschädel erscheint hiernach als Rassengruppen-Klassifikationsmerkmal in Frage gestellt.

Das Thema der wissenschaftlichen Rassenklassifizierung kann im Rahmen dieses Buches nur gestreift, keinesfalls aber erschöpfend behandelt werden. In erster Linie ging es uns dabei darum, die Mannigfaltigkeit der Hunderassen schon vor Jahrhunderten über die verschiedenen Klassifizierungen anzudeuten.

Sicher besteht bei allen Forschern dahingehend Übereinstimmung, daß die Züchtung von Hunderassen eine eigene kulturelle Leistung des Menschen darstellt. Sie beweist geistige Aufgeschlossenheit, das Streben nach Besserem, vernünftige Planung. Auswahlkriterium der Rassenbildung war die Leistung des Hundes. Man züchtete auf Schnelligkeit, Wachsamkeit, Ausdauer, Nasenleistung, Gesundheit und andere Leistungsfaktoren. Die menschliche Zuchtwahl, entsprechend den Anforderungen auf Leistung, ergab langsam den Rassetyp, sowohl in Arbeitsleistung als auch im Körperbau. Mit der Bildung der Haushunderassen kam es zur Arbeitsteilung unter unseren Hunden.

Wir dürfen an dieser Stelle nun die allgemeinen Betrachtungen verlassen und uns unseren Spezialisten, den Kampfhunden, zuwenden. Sie stehen im Mittelpunkt unseres Buches.

2. Die Entstehung der Kampfhunderassen

Die Urväter der großen Kampfhunderassen sind mit einiger Sicherheit unter den großen Wolfsrassen zu suchen. Es gibt Funde von Wolfsschädeln in Mittelrußland und Polen mit Basilarlängen von 238–244 mm. Die Schädel großer Doggenschläge von heute zeigen weitgehend ähnliche Größen. Bei allen Vorbehalten, die wir gegenüber der Schädelmessung als alleinigem Unterscheidungsmerkmal von Rassen angemeldet haben, liegt doch in der Feststellung gleichartiger Basilarlängen von Wolfsrassen und großen Doggen der Beweis, daß rein von der Größe her durchaus Wolfsrassen existent waren und heute noch sind, die als Ausgangsformen unserer großen Kampfhunderassen in Frage kommen.

Wir sind nicht der Meinung einer Reihe von Hundeforschern, daß die Entstehung der großen Hunderassen im Tibet und Bereich Nepal, später in Ägypten, lokalisiert werden kann. Die hieran angeknüpften Theorien einer langsamen und punktuellen Ausdehnung auf andere Länder über Völkerwanderungen und Handel erscheint wenig wahrscheinlich. Sicher ist richtig, daß der großrahmige schwarze Tibetwolf Ausgangsrasse der Tibetdogge ist. Nur wurde hieraus und aus der Tatsache, daß in der chinesischen Literatur (Chouking) bereits 1121 v. Chr. von einem Tibethund berichtet wird, der auf Menschen dressiert wurde, von einzelnen Forschern zuviel abgeleitet. Sie schlossen aus zeitlich danach auftretenden geschichtlichen Funden, Wandmalereien, Tonkrügen, Schädelfunden etc. und aus Darstellungen in der Literatur auf eine geografisch und zeitlich langsame Verbreitung dieser einzelnen Ausgangsrasse auf andere Länder. Nach meiner Auffassung ist hieraus jedoch nicht mehr abzuleiten, als daß die kulturelle Entwicklung in den Ländern, aus denen uns erste Berichte vorliegen, teilweise fortgeschrittener war, darum auch die bildliche oder literarische Darstellung. Zur gleichen oder früheren Zeit konnten in kulturell weniger entwickelten Ländern durchaus auch große Kampfhunderassen existent gewesen sein, sie wurden nur nicht erwähnt oder abgebildet.

Sicher ist die von Studer und Strebel getroffene Feststellung weitgehend unwiderlegbar, wonach die Doggen Züchtungsprodukte aus großen primitiven Hunderassenschlägen sind und an zahlreichen verschiedenen Orten unabhängig voneinander entwickelt werden konnten. Diese Hunderassen entstanden insbesondere in solchen Gebieten, wo die Lebensbedingungen der Menschen gekennzeichnet waren durch den Kampf gegen große wilde Tiere und Bedrohung durch feindliche Nachbarn.

Um aber den Theorien anderer Forscher wie Dr. Keller und Prof. Krämer Rechnung zu tragen, sei durchaus anerkannt, daß über große Völkerwanderungen und den langsam eintre-

Englischer Kampfhund
Bronze Anfang des 19. Jahrhunderts

Foto: Lazi Perenyi – Sammlung: Dr. Fleig

tenden Handel, nicht zuletzt aber auch durch Geschenke von Fürstenhof zu Fürstenhof, besonders wertvolle Kampfhunde ihren Weg in neue Gebiete fanden und dadurch die einheimischen Zuchten Ergänzungen gewannen. Starke und mutige Hunde waren in dieser Entwicklungsphase der Menschheit wertvolle Geschenke, wir finden daher immer wieder Berichte über Kriegszüge mit Kampfhunden, fürstliche Geschenke in Gestalt großer Doggen, und so wird gerade bei den wehrhaften Hunden recht frühzeitig ein gewisser züchterischer Austausch wertvoller Hunde stattgefunden haben. Dies darf aber keinesfalls etwa als reine Weiterzucht beispielsweise von Tibetdoggen in anderen Ländern interpretiert werden. Die Importe, Geschenke- oder auch Beutehunde sind vielmehr stets nur eine Ergänzung der lokalen großrahmigen Hundeschläge gewesen.

An dieser Stelle noch gleich eine zweite, recht wichtige Feststellung. Wir dürfen uns unter Kampfhunden nicht nur die Riesen unter den Hunderassen vorstellen, vielmehr alle Schläge, die von ihrem Charakter her sich für den Schutz des Menschen und für den Kampf gegen wilde

*Kopf eines englischen Kampfhundes
Bronze Anfang des 19. Jahrhunderts*

Foto: Lazi Perenyi – Sammlung: Dr. Fleig

Tiere eigneten. Hier finden wir eine starke Auswahl von doggenartigen Riesen, etwa in der Form des englischen Mastiffs bis herunter zum selbstbewußten Zwerg zum Schutze der Hausfrau, beispielsweise den Mops. Gerade beim Tierkampf, der in diesem Buch noch eine gewichtige Rolle spielen wird, stoßen wir immer wieder auf die kleinen, todesmutigen Kampfhunde. Der Begriff Kampfhund muß daher recht breit gefaßt werden, wenn auch naturgemäß zunächst unsere Aufmerksamkeit den Riesen mit ihren gewaltigen Körperformen gilt.

Ausgangspunkt des Kampfhundes in seiner äußeren Gestalt war naturgemäß der große, untersetzte, wuchtige Schlag mit sehr kräftigem Körperbau, stark entwickeltem Kopf, gewaltig drohender Stimme. Dieser Hund mußte bereits durch seine äußere Erscheinungsform Furcht einflößen, ein Bild elementarer Kraft, durch sein Gewicht naturgemäß nicht besonders schnell in der Bewegung und dennoch gewaltig im ersten Ansturm. Studer beschreibt die Züchtung großer Kampfhunde wie folgt: »Schon von alters her suchte der Mensch aus dem Hunde Rassen zu erzeugen, die durch ihre Kraft und ihre gewaltigen Beißwerkzeuge im Stande waren, ihn oder seine Herde gegen stärkere Feinde zu verteidigen, große Tiere auf der Jagd zu bewältigen und niederzureißen und widerspenstige große Haustiere zu bändigen. Solche Tiere zu erzeugen, wurden große Hundeformen hauptsächlich auf die Entwicklung der Beißwerkzeuge gezüchtet, und diese konnten um so mehr Kraft entwickeln, je weniger weit der Endpunkt des Kieferhebels vom Ansatzpunkt der Kraft war, d. h. je kürzer der Kiefer wurde vor dem Ansatzpunkt der Beißmuskeln . . . Die sich verkürzenden Kiefer wurden plumper und bei der starken Entwicklung des Gebisses schwerer. Diese Umstände verlangten eine bedeutendere Entwicklung der Kiefermuskulatur, und diese wieder eine vergrößerte Ansatzfläche . . . Der verkürzte Schnauzenteil bewirkt auch häufig, daß der Nasenrücken sich konkav einsenkt und dann die Schnauze wie aufgeworfen erscheint. Die Haut des Gesichtes zieht sich gewöhnlich nicht in dem Maße zusammen wie die knöcherne Grundlage sich verkürzt, und so bilden sich Duplikaturen und Gesichtsfalten, tief herabhängende Lefzen, Falten in den Augenwinkeln, die der ganzen Physiognomie der Dogge etwas Abschreckendes geben«.

Strebel (1905) kommt bei seiner Gliederung der verschiedenen Kampfhunderassen zu 5 Ausgangsrassen und daraus entwickelten weiteren 8 hieraus gezüchteten Rassen. Dies ergibt folgendes Bild:

I. Tibetaner Dogge
II. Mastiff mit
   1. Bordeaux-Dogge,
      hieraus Franz.
      Bulldog

2. Englischer Bulldog,
hieraus Zwergbulldog
3. Mops
III. Deutsche Dogge mit
1. Dänischer Dogge
2. Boxer
IV. Neufundländer
V. Bernhardiner
hieraus Leonberger (aus IV + V)

Zu dieser Aufteilung muß angemerkt werden, daß derartige schematische Einteilungen um die Jahrhundertwende noch sehr von nationalen Fragen überlagert waren, so etwa bei der Annahme, die deutsche Dogge sei der Stammvater der dänischen Dogge. Die französische Bulldogge ist sicher viel enger verwandt mit dem Zwerbulldog als etwa mit der großrahmigen Bordeaux-Dogge. Der Mops steht viel näher den Bulldoggen als dem Mastiff, und die Zugehörigkeit des Neufundländers und des Leonbergers zu den Kampfhunden ist meines Erachtens sachlich nicht aufrecht zu erhalten. Weiterhin hat sicher Strebel die fundamentale Stellung des Bull- and Terriers in England verkannt. Er ist zwar eine Kreuzung, wurde aber seinerseits zur mächtigen Wurzel für außerordentlich wichtige neue Kampfhunderassen.

Ich habe deshalb ganz bewußt eine eigene Reihung und Wertung der alten Kampfhunderassen vorgenommen. Sie sind die Ausgangsformen zahlreicher moderner Hunderassen, hierauf werden wir bei der Einzeldarstellung näher eingehen.

Folgende Einteilung der ursprünglichen Kampfhunderassen erscheint mir sinnvoll und zweckmäßig. Diese sind teilweise bis heute erhalten, nur eine – die Chincha-Bulldogge – ist ausgestorben, die anderen sind als Ausgangsformen moderner Kampfhunderassen immer wieder nachzuweisen. Folgende Gliederung der ursprünglichen Kampfhunderassen wird von mir gewählt:

1. Tibetdogge
2. Molosser
3. Bullenbeißer
4. Dänische Dogge
5. Mastiff
6. Bulldog
7. Bull- and Terrier
8. Chincha-Bulldogge.

Diese Rassen werden im weiteren Verlauf des Buches (Kampfhunde II) noch im einzelnen ausführlich dargestellt werden. Ehe wir jedoch in die detaillierten Rassenbilder einsteigen, gehen wir entwicklungsgeschichtlich richtig vor, indem wir die Aufgaben der Rassen in den Vordergrund stellen. Nur durch ein Verständnis der Aufgabenstellung für diese Hunde ist die Rasse in Charakter und äußerer Form richtig zu begreifen.

III. Die Aufgaben der Kampfhunde

1. Kriegshunde

»Wer die Geschichte der Kriegshunde schreiben will, muß die Geschichte der menschlichen Entwicklung von Anbeginn schreiben, denn der Hund war stets des Menschen engster Gefährte.«

So sieht H. Lloyd die Aufgabe, dieses Kapitel zu schreiben.

Wir haben schon dargestellt, daß der Mensch, bedroht von feindlichen Nachbarn, sehr früh den Wert des Hundes als Verbündeten gegen jeden Angreifer und als willigen Helfer bei seinen Kriegs- und Beutezügen erkannt hat. Solange es Kriege gibt – bis zur Erfindung der Feuerwaffen – finden wir Kampfhunde als Waffe des beutegierigen Kriegers und als Verteidigungsschild des Angegriffenen. Der mutige Hund, kraftvoll und wehrhaft, war eine hochgeschätzte Waffe, die oft über Sieg oder Untergang entschied. Aufgabe des Kriegshundes war der Angriff auf jeden Gegner, er hatte ihn umzureißen, kampfunfähig zu machen, ja sogar zu töten. Dabei wurde der Hund – wie der Herr – oft mit einer Rüstung von Metallplatten und Ketten ausgestattet. Halsbänder mit spitzen Stacheln oder krummen Messern nach außen schützten die Hunde und drangen als Spieße in Beine und Körper ihrer Feinde. Insbesondere beim Einsatz gegen feindliche Reiter und ihre Pferde fügten diese krummen Messer ihren Gegnern gefährliche Verletzungen zu.

Die Geschichte bietet eine Fülle von Berichten über Kampfhunde und ihren Einsatz. Nur eine Reihe von Beispielen seien hier erwähnt. Hammuraby, König von Babylon (ca. 2100 v. Chr.) ließ seine Krieger durch riesige Hunde begleiten. Diese Kampfhunde erweckten bei den Feinden Angst und Schrecken. Die Lydier,

3 Skizzen gepanzerter Kriegshunde

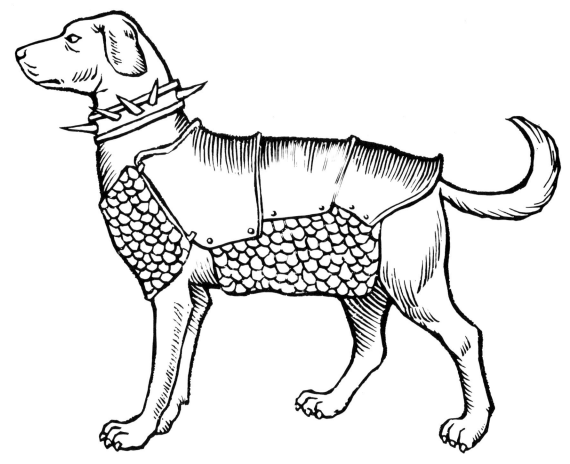

Gepanzerter Kriegshund

ein asiatischer Volksstamm, führten bei ihren Kriegen gegen die Kimmerer (628 bis 571 v. Chr.) ein eigenes Bataillon von Gefechtshunden mit sich. Die von König Alyattes eingesetzten schweren Kriegshunde lieferten sich blutige Schlachten mit den gegnerischen Hunden und Kriegern.

Perser-König Kambyses setzte bei der Eroberung Ägyptens riesige Kampfhunde ein. Die Meuten stürzten sich auf die ägyptischen Speerträger und Bogenschützen (525 v. Chr.). Bekannt ist die Schlacht von Marathon (490 v. Chr.). Hier zeichnete sich der Hund eines Athe-

ners so aus, daß beide als Helden geehrt und auf einer Wandmalerei verewigt wurden. Bei der Belagerung von Mantineia (385 v. Chr.) durch die Spartaner gelang diesen erst dann ein Sieg, als sie den Nachschub der eingeschlossenen Stadt durch rücksichtslosen Einsatz ihrer Kampfhunde völlig abgeschnitten hatten. Interessanterweise finden wir zahlreiche Hundeknochen in athenischen Kriegsgräbern. Xerxes führte auf seinem Feldzug gegen Griechenland Hunde mit sich, die bei vielen Schlachten mit kriegsentscheidend wurden. Die Römer unter ihrem Konsul Varius stießen in der Schlacht bei Vercella (101 n. Chr.) auf große Kimbern-Hun-

Altassyrische Dogge (nach Lazard)

Kampf zwischen den verteidigenden französischen und den angreifenden spanisch-englischen Hunden, welcher mit einer Niederlage der belagerten Franzosen endete.

Kurz vor der Schlacht bei Aboukir im Juli 1799 verlangte Napoleon von seinem General Marmont, er solle eine große Anzahl von Kampfhunden zusammenfassen und diese zum Einsatz vor seinen Reserven aufstellen. In England halfen 800 Kampfhunde in der Regierungszeit von Elisabeth I. dem Earl of Essex, den irischen Aufstand blutig niederzuschlagen.

Assyrische Dogge: Flachrelief im Palast von Ninive

de, welche von Frauen geführt, die germanischen Wagenburgen blutig verteidigten. Nur mit hohem Blutzoll gelang es den Römern trotzdem zu siegen. Dies führte dazu, daß auch die Römer Kampfhunde auf ihre Legionen verteilten, je Legion eine Hundertschaft. Bei ihrer Landung in Britannien schützten Frauen und Kinder der Ureinwohner »die riesigen, breitmäuligen Hunde Britanniens«. Diese Hunde erwiesen sich den von den Römern mitgeführten Hunden als weit überlegen und wurden später als Beutetiere zahlreich nach Rom für circensische Schaukämpfe verschleppt.

In der großen Auseinandersetzung um Frankreich unterstützte König Heinrich VIII. den König von Spanien Carl V. durch ein Hilfsheer von 400 Kriegern, begleitet von 400 mächtigen Mastiffs, ausgestattet mit breiten Kampfhalsbändern. Diese Tiere wurden für die Spanier zu so wichtigen Bundesgenossen, daß Carl V. diese Hunde mehrfach lobend erwähnte und sie seinen Soldaten als Vorbild für bedingungslose Tapferkeit pries. Bei der Belagerung von Valence kam es zu einem blutigen

Aber auch Kämpfe in anderen Erdteilen zeigten unsere Kampfhunde im kriegerischen Einsatz. So haben sich insbesondere die Spanier bei ihren Eroberungszügen in Amerika ihrer Hunde bedient. Bereits im 15. Jahrhundert, gleich nach der Entdeckung dieses Landes, wurden mächtige Kampfhunde ins Land gebracht, die unter den Eingeborenen Furcht und Schrecken verbreiteten. Pater Las Casas berichtete von einer Schlacht bei La Vega Real, hier hätten die eingesetzten Hunde die Eingeborenen vernichtend geschlagen, jeder Hund allein für sich habe mehr als einhundert Indianer kampfunfähig gemacht. Diese Hunde seien

»Molosser auf dem Altarrelief von Pergamon«

»auf Menschenblut blutdürstig gemacht worden« und hätten das Land nahezu als eine verlassene Wüste zurückgelassen.

Diese historisch nachgewiesenen Einsätze von Kampfhunden mögen nur als Beispiel dienen. Sicher berechtigen sie uns zu der Annahme, daß bei einer Unzahl kriegerischer Auseinandersetzungen, die nun einmal unser menschliches Zusammenleben auszeichnen, immer und immer wieder Kampfhunde auf Menschen gehetzt wurden.

Über die Zucht und Ausbildung dieser Hunde erfahren wir von dem Geschichtsschreiber Aldrovandus (1637), der sich wiederum teilweise auf den italienischen Historiker Blondus (1388–1463) bezieht: »Der Kriegshund muß von erschreckendem Äußeren sein und stets so aussehen, als stürze er sich gerade in den Kampf. Er ist – mit Ausnahme seines Herrn – ein Feind gegen jedermann. Dies bedeutet, daß er sich auch von jemandem, den er bestens kennt, nie anfassen läßt, sondern jedermann droht, seine Zähne in seinen Körper hineinzuschlagen. Er muß gegen alle Menschen so auftreten, als brenne er vor innerer Wut und starrt auf alle mit feindlichem Blick. Dieser Hund wird von frühester Jugend an für den Kampf trainiert. Hierfür wird der eine oder andere Mensch mit einem Mantel aus dicken Fellen ausgestattet, durch den der Hund nicht durchbeißen kann, und dieser so geschützte Mann wird dann zum Übungsziel des Hundes. Der Hund wird angehetzt, der Mensch läuft weg und wird vom Hunde eingefangen und niedergerissen, der auf dem Boden Liegende wird wild gebissen. Am nächsten Tag wird der Hund gegen einen anderen Menschen, der ebenso geschützt ist, gehetzt, und am Ende der Ausbildung kann der Hund auf jedermann gehetzt werden, auf dessen Spur er angesetzt wird.«

»Canis bellicosus« nach Geßner

*Kriegshunde im amerikanischen Bürgerkrieg,
(Illustration aus amerikanischer Zeitschrift 1867)*

Nach dem Kampf wird der Hund angekettet und anschließend an der Kette gefüttert. Diese Übungen werden solange fortgesetzt, bis der Hund zum erstklassigen Verteidiger des Menschen geworden ist. Blondus ist sogar der Meinung, daß von Zeit zu Zeit es richtig sei, gegen den Hund mit gezogenem Schwert anzukämpfen. Auf diese Art soll der Hund Verstand und Mut bis zum äußersten entwickeln. Danach kann man den Hund gegen jeden Feind hetzen«. – Es ist geradezu verblüffend, wie ein wesentlicher Teil der heute noch geübten Schutzhundeausbildung schon vor 600 Jahren planmäßig bei der Ausbildung der alten Kampfhunde verwandt wurde!

Wir dürfen dieses Kapitel nicht verlassen, ohne einen kurzen Abstecher zu machen zu den Kriegshunden, die ganz andere Aufgaben haben als die des direkten Angriffs auf den Gegner. Schon die Meder und die Perser setzten Hunde als Meldehunde durch die feindlichen Heere ein. Hierbei wurde der Hund rücksichtslos als Mittel zum Zweck verwandt, der Meldehund schluckte die Botschaft und wurde bei seiner Ankunft von den Bundesgenossen geschlachtet. Später, etwa 600 v. Chr., ging man dann dazu über, die Botschaft am Halsband der Hunde zu befestigen, riskierte damit, daß die Botschaft in Feindeshand fiel, schonte jedoch das Leben des treuen Gehilfen.

Weitere Aufgaben kamen in neuester Kriegsgeschichte hinzu als Sanitätshund, Munitionsträger, Minensuchhund und im Bewachungsdienst. Einige interessante Zahlen hierzu: Im ersten Weltkrieg setzte Deutschland etwa 30 000, Frankreich 20 000 Hunde als Kriegshunde ein. Auch in vielen anderen Ländern wurden Hunde eingezogen. Im 2. Weltkrieg wurden allein in Rußland über 50 000 Diensthunde zu Gehilfen der Militärs. Im Algerienkrieg waren 1953 immerhin noch etwa 7500 Hunde im Einsatz. Für diese Aufgaben wurden allerdings nicht mehr unsere alten Kampfhunderassen, sondern vielmehr die modernen Diensthunderassen rekrutiert. Die Kampfhunderassen waren für diese neuen Aufgaben kaum geeignet, da ihrer zweckgerechten Ausbildung ihr hoher Kampf- und Schutztrieb entgegenstand. So entgingen sie dem Blutzoll, welcher den anderen Rassen auferlegt wurde.

Die großen Zeiten der Kriegshunde sind vorbei. Im Atomzeitalter, ja bereits mit der Einführung moderner Schußwaffen hatte der Kampfhund alter Prägung seine kriegerischen Aufgaben verloren. Wer etwas Sinn für Mut und Tapferkeit des Hundes hat, der sieht voll Hochachtung auf die todesmutigen Hunde. Sie trifft keine moralische Schuld an all den blutigen Kriegen, sie waren gezüchtet und ausgebildet zur rücksichtslosen Verteidigung ihres Herrn, waren Werkzeug des Menschen. Daß ihr Schutz vielerorts mißbraucht wurde, die Verantwortung hierfür liegt alleine bei uns Menschen. Die Kampfhunde haben als Kriegshunde über Jahrtausende ihrem Menschen treu gedient.

2. Jagd auf wehrhaftes Wild

Die Jagd auf wehrhaftes Wild war stets eine besondere Herausforderung des Menschen. Über viele Jahrhunderte standen Auerochse, Hirsch, Sauen und Bär im Mittelpunkt großer Jagden. Das feudale Jagdrecht reservierte diese Jagden weitgehend für König, Adel und Großgrundbesitzer. An allen Fürstenhöfen finden wir stattliche Jagdmeuten, unter ihnen für die Jagd auf wehrhaftes Wild unsere großen Packer, daneben schnelle Spürhunde.

Unsere europäischen Wälder beherbergten zwei Großrinder, den Auerochsen (Ur) und den Wisent. Bis zum Beginn des Mittelalters war der Auerochse noch über ganz Mitteleuropa verbreitet, wich dann aber mehr und mehr nach Osten zurück. Bis etwa 1630 finden wir Berichte über erlegte Auerochsen. Danach scheint diese Urrindform ausgestorben.

Antonie Tempesta (1555–1630): Jagdszene

Sammlung: Dr. Fleig

Der Wisent als echtes Waldtier war noch lange danach in den europäischen Wäldern heimisch. Noch 1860 erlegte Zar Alexander II. auf einer Großwildjagd 28 Wisente, 1921 wird aus Polen von einem letzten Abschuß in freier Wildbahn berichtet. Beide Großrinder werden heute in Zoos nachgezüchtet, und man versucht, diese Urformen in ihrer alten Gestalt neu erstehen zu lassen.

Die Jagd auf Auerochsen und Wisent war königliches Recht. Der Mensch trat mit dem Speer in der Hand, geschützt durch einen dicken Baum, gegen diesen gefährlichen Gegner an. Aufgabe der Hunde war es, das Wild so zu stellen, daß der Jäger mit dem Speer in der Faust es erlegen konnte. Von Karl dem Großen wird berichtet, daß er diese gefährliche Jagd besonders liebte. Unsere in diesem Buch abgebildete Meißener Porzellan-Figur aus der Meisterhand von Johann Joachim Kaendler (1706–1775) zeigt Kraft und Schönheit dieses Wildes und die mächtigen Hatzrüden, dekoriert mit goldverzierten Halsbändern, ein sicheres Zeichen für den hohen Stand ihres Besitzers.

Schnelle Hirsche, verfolgt von langbeinigen Spürhunden, dahinter die Meute der kräftigen Doggen als Packer, dann die Jäger zu Pferde, dies war die herrschaftliche »Hohe Jagd« auf das Edelwild Hirsch. Der Stich von Johann Elias Ridinger, etwa aus dem Jahre 1729, vermittelt uns einen Eindruck über das Ende dieser Jagd und über die Hunde, welche den

Eine Auerochsenhatze: nach J. H. Ridinger, Lith. H. Menzler

Sammlung: Dr. Fleig

Auerochsenjagd: Antonie Tempesta (1555–1630)   Sammlung: Dr. Fleig

Hirsch erlegten. Wie gefährlich diese Jagd gerade für die Hatzhunde war, können wir unschwer erkennen. Das Geweih des bedrohten Hirsches wurde zur tödlichen Waffe gegen manchen Hund.

Ihre Hauptaufgabe fanden unsere Kampfhunde bei der Jagd auf die wilde Sau. Ridinger schreibt über die Sauhatz: »Es ist dieses eine der lustigsten aber auch gefährlichsten Jagden indeme ein wild Schwein so gar ein wehrhafftes Thier ist das es weder Menschen Pferde noch Hunde schonet, wan es nun gekreyset u. im Gedirck ist, werden Zur Seiten Tücher Lappen aufgezogen damit es in den besten Laufplatz forciret werden könne, dann wird der Saufinder oder Saurüde darauf los gelassen, so es nun her aus fahret und ausreissen will, schreyet der Jäger so den Hund angebracht. HAB ACHT, HAB ACHT, und so es die anderen ersehen, HETZ ZU, HETZ ZU, dar auf werden die leichten Hunde los gelassen, welche es herum rücken und müde machen so dann werden die schweren oder Englische grosse Hunde daran gehetzt, welche es bey den Losern halten das ihme der Jäger den Fang mit dem Hirschfänger geben kan, ...«. Der Kupferstich Ridingers »Die Schweins Hatz« (1729) ist durch diesen Text illustriert. Ergänzend hierzu zeigen wir »Die Sauhatz« aus dem »Jacht Buch Wolff Pirckner von Bayreuth« (1639).

Johann Täntzer gibt in seinem 1699 geschriebenen Buch »Der Dianen hohe und niedere Jagtgeheimnisse«, einen recht brauchbaren Einblick in die Hundehaltung an den Fürstenhöfen. Er berichtet von schweren, großen englischen Doggen. Diese wurden in Cammer- und Leibhunde aufgeteilt. Die Cammerhunde waren die besten ihrer Art, sie trugen als Zeichen ihrer Würde silberne oder vergoldete, mit Fransen verzierte Halsbänder, bei der Jagd wurden sie geschützt durch Panzerjacken. (Siehe hierzu Stich Ridinger »Gepanzerte oder mit einer Jacke bekleidete Leib- und Cammerhunde«). Täntzer schildert diese Panzer: »Sie sind von braunen Parchen oder Baumseiden auswendig gemacht, und unten mit fester Leinwand ausgefüttert, mit Hahren oder Baumwolle wohl ausgestopffet, und gantz durchnähet, unter den Bauch und der Brust aber, ist solches so nicht ausgestopffet, denn da ist es am gefährlichsten. Sondern mit Fischbein außgelegt und mit eitel Nössellöchern hart aneinander ausgemachet, mit vieler Arbeit, daß es als ein Pantzer fest . . .«.

Ein Sprung zurück in der Geschichte zeigt unsere Kampfhunde im zweiten Jahrhundert n. Chr.. Oppian berichtet in seinem Buch »De

Schaukampf Auerochse gegen Kampfhunde und Gladiotoren, Stich Stradanus (1523–1605)
Sammlung: Dr. Fleig

Johann Elias Ridinger (1698–1769): Gepanzerte oder mit einer Jacke bekleidete Leib- und Cammer-Hunde Sammlung: Dr. Fleig

Kampfszene Saupacker gegen Eber Bronze Anfang des 19. Jahrhunderts

Foto: Lazi Perenyi – Sammlung: Dr. Fleig

Abb. Seite 28/29:
Johann Elias Ridinger: »Die Parforcejagd eines Hirschen« Sammlung: Dr. Fleig

Ein wütender Eber: Frans Synders

Sammlung: Dr. Fleig

Eine Sauhatze: nach J. H. Ridinger, Lith. H. Menzler Sammlung: Dr. Fleig

Ludwig Beckmann
»Sauhetze«
(Holzschnitt)

Sauhatz in den englischen Kolonien: Stich 1863 Sammlung: Dr. Fleig

Juriaen Jacobsen: Ein wildes Schwein von Hunden angefallen Sammlung: Dr. Fleig

»Ausschnitt aus pompeianischem Wandgemälde«

Venatione« über verschiedene Hunderassen und fährt fort: »Andere Hunde wiederum sind wild und widerstehen der Macht jedes Angreifers, besonders bei der Jagd auf Auerochsen, Sauen und Löwen. Diese Hunde sind flachgesichtig und zeigen furchterregende Falten, die über die Augenbrauen herabfallen, darunter funkelnde Augen, die wie Feuer glimmen... Von allen Jagdhunden sind sie die beste Rasse, in ihrer äußeren Form ähneln sie sehr anderen Fleisch fressenden Raubtieren, wie Wölfen, Tigern oder Leoparden..., wie diese sind sie schnell und sehr stark«. Wir sehen, daß über viele Jahrhunderte hinweg Hunde ähnlicher Form und sicher gleicher Rasse in vielen Ländern der Erde als zuverlässige Jagdgefährten an der Seite des Menschen stehen. Dies zeigen auch ein Ausschnitt aus einem pompeianischen Wandgemälde und Jagdszenen vom Grabmal des Scaurus sowie in Spanien Ausschnitte aus dem Deckengemälde der Alhambra (14. bis 15. Jahrhundert). In alemannischen Gesetzen aus dem 7. Jahrhundert finden wir strenge Strafbestimmungen zum Schutze des canis porcatorius (Saurüde).

Von der Leistung der Hatzrüden des Mittelalters künden die großen Jagdstrecken. 1556 hatte Landgraf Philipp im Habichtswald, Reinhardswald und Kaufunger Wald bis zum 30. November 726 Sauen mit seinen Rüden gefangen; 1559 waren es 1120 Sauen und das Jahr 1563 brachte eine Rekordstrecke von 2572 Sauen, hiervon 253 Keiler, 1145 Bachen und 1174 Frischlinge. Bei einer einzigen Jagd von Herzog Karl von Württemberg im Jahre 1782 wurden 2600 Wildschweine zur Strecke gebracht.

Diese Jagd war für Mensch und Hund sehr gefährlich. Das Abfangen der Sau mit der Saufeder erforderte nicht nur Mut, sondern auch Geschicklichkeit und etwas Glück, mancher Jäger bezahlte diese Jagd mit Gesundheit, ja auch mit seinem Leben. Enorm war der Verlust unter den Hunden. »Wer Schweinsköpfe haben will, muß Hundsköpfe dranwenden!«. Dieses Sprichwort wird illustriert durch Snyder's »Ein wüthender Eber« und durch Jakobsen's »Die Wildschweinjagd«.

»Jagdszenen vom Grabmal des ›Scaurus‹«

»Deckengemälde der Alhambra«

Die größte Anzahl an Hatzrüden wird Herzog Heinrich Julius von Braunschweig zugeschrieben, der 1592 mit 6000 Saupackern an der Oberweser jagte. Auf nahezu allen Schlössern des Adels finden wir eigens errichtete Hundehäuser für die großen Meuten. Da die vom Adel selbst gehaltenen Packer aufgrund der großen Verluste unter den Hunden zumeist nicht ausreichten, wurden durch obrigkeitliches Dekret die Untertanen gezwungen, Hatzhunde für den Hof bereitzustellen. Schäfer, Müller und Metzger mußten für die Landesherren Hunde züchten. Schäfer, die etwa an Landgraf »Moritz den Gelehrten« untaugliche Hunde lieferten, wurden mit 5 Hammeln Buße belegt. Mit der durch die hohen Wildschäden aus landwirtschaftlicher Sicht unerläßlichen Reduzierung des Schwarzwildes im 19. Jahrhundert wurden die Meuten immer kleiner. Hinzu kam die Weiterentwicklung der Schußwaffen, welche die Saurotten dezimierten und die Saurüden weitgehend entbehrlich machten.

Daß der männliche Kampf mit Hatzhund und Saufeder dennoch bis zum heutigen Tage nicht ausgestorben ist, dies zeigen Berichte über den jagdlichen Einsatz von Bullterriern in den großen Wäldern der Tschechei und auch in der Bundesrepublik Deutschland. Gerade der Bullterrier hat sich als kleiner und athletischer Kampfhund für diese Jagd als besonders geeignet erwiesen. Er faßt die Sau am Kopf und hält unerbittlich fest. Durch sein Gewicht von 20–30 kg ist dieser Hund auch in der Lage, den stürmischen Lauf der Sau zu bremsen. Damit gibt er dem Jäger Gelegenheit, die Sau mit der Saufeder abzustechen. So fin-

»Gepanzerter Hatzrüde nach Täntzer«

Ludwig Beckmann: „Abfangen" Holzschnitt

den wir noch mitten im 20. Jahrhundert das Waidwerk des Mittelalters.

Abschließend eines der ersten, heute noch erhaltenen Dokumente der Sauhatz. Dies ist das Ölgemälde von Abraham Hondius. Hier sehen wir aus dem Jahre 1685 hoch im Norden Schottlands zwei Mastiffs im Angriff auf den flüchtenden Eber. Mit dieser großartigen Darstellung dürfen wir die ritterliche Jagd unserer tapferen Hunde auf Schwarzwild abschließen.

Nun zum Bären. Der Braunbär war ursprünglich in ganz Europa das größte und wahrhafteste Raubtier. Als Allesfresser begnügte er sich bei seiner Nahrung vorwiegend mit Aas und vegetarischer Kost. Wenn er zuweilen auch ein kränkelndes Wild schlug oder einmal in die Herden der Menschen einbrach, so war der »Schaden«, den er dem Menschen verursachte, doch recht geringfügig. Für die Jäger war die Hatz auf den Bären ritterliches Spiel, ihm zur Seite finden wir den großen Bärenbeißer. Diese mächtigen und angriffslustigen Hunde wurden meist paarweise in Koppeln geführt. Ihre Aufgabe war es, Meister Petz zu stellen und so durch ihre Angriffe abzulenken, daß der Jäger mit dem Speer oder Fangmesser den Bären erlegen konnte. Diese Jagd zeigt uns ein großartiger Kupferstich von Justus Sadeler »Auf der Bärenjagd«, etwa aus dem Jahre 1650. Die großen Hatzrüden, kurzmäulig, starkknochig und voller Angriffslust bieten ein eindrucksvolles Bild der Kampfhunde dieser Zeit.

Fr. Specht: »Meister Braun in Not« (Holzschnitt)

The Bear at Bay: Samuel Howitt, 1803 — Sammlung: Dr. Fleig

Ein Bärenkampf: Frans Snyders — Sammlung: Dr. Fleig

H. J. Ueka: »Bear-Hunting with Dogs«

In der Regel wurde auf diesen Jagden, oft in unzugängigen Sümpfen, Wäldern oder im Gebirge, der Standort des Bären eingekreist. Etwa 5 Koppeln mit je zwei Bärenbeißern gehörten zu einer Jagdgesellschaft. Zunächst schnallte man eine Koppel, sie hatte den Bären auf die Jäger zuzutreiben oder zu stellen, zeigte sich der Bär, so wurden weitere Hunde angehetzt, der sich stellende Bär von dem hinzu eilenden Jäger mit dem Fangmesser getötet. Die Bärenjagd galt im Mittelalter als heroische Tat. Ihm nur bewaffnet mit Speer und Eisen entgegenzutreten, dies war für den Adel das »Royal Game«. Wir haben aus der Zeit Anfang des 19. Jahrhunderts noch eine besonders eindrucksvolle künstlerische Darstellung der Bärenhatz von Samuel Howitt (ca. 1800). Sie zeigt uns die großrahmigen Bärenhunde und die Gefährlichkeit des angegriffenen Bären. Ergänzend hierzu bringen wir Franz Snyder's »Bärenhatze« und den »Bärenkampf« desselben Malers. Auch Specht's »Bärenhatz« vermittelt einen hervorragenden Eindruck dieser königlichen Jagd.

Ehe wir uns einigen speziellen Jagdschilderungen zuwenden, hier noch eine zusammenfassende Charakteristik des wehrhaften Wildes, auf das unsere Kampfhunde gehetzt wurden:

Auerochse und Wisent: Widerristhöhe etwa 180 cm; Länge 350 cm, Gewicht 500 bis 700 kg. Waffen: Hörner und Hufe (Klauen), hoher Intelligenzgrad, schnell in der Verteidigung, jederzeit selbst angriffsbereit.

Hirsch: Schulterhöhe 120–150 cm, Länge 180–220 cm, Gewicht 160–270 kg, Geweih als gefährliche Waffe mit Längen von 86–120 cm.

Bear Hunting: Samuel Howitt, 1797 Sammlung: Dr. Fleig

Frans Snyders: Die Bärenhatze Sammlung: Dr. Fleig

Auf der Bärenjagd: Justus Sadler, etwa 1650 Sammlung: Dr. Fleig

Bärenjagd: Antonie Tempesta, 1608 Sammlung: Dr. Fleig

Johann Elias Ridinger (1698–1769): Bärenjagd im Winter

Sammlung: Dr. Fleig

Hunting the Porcupine: Stich nach A. Hondious, veröffentlicht 1803   Sammlung: Dr. Fleig

Flüchter, ausdauernder, sehr schneller Läufer. Wenn in die Enge getrieben bereit, sich mit Geweih und Schalen zu wehren.

Sau: Schulterhöhe bis 102 cm, Länge etwa 150 cm, Gewicht 150–200 kg. Kämpft mit Hauern (Waffen), Körpergewicht, hohem Intelligenzgrad, großer Schnelligkeit und Wendigkeit. Stets bereit zum Angriff.

Bär: Widerristhöhe etwa 100–125 cm, Länge 200–220 cm, Gewicht 150–250 kg, große Exemplare bis zu 350 kg. Gefährliches Gebiß, furchtbare Prankenhiebe. Hohe Intelligenz.

Unsere Bärenhunde, Saupacker und Bullenbeißer, haben diesen ihnen an Größe und Gewicht weit überlegenen Tieren nur weniges, aber entscheidendes entgegenzusetzen, nämlich Kraft, Schmerzunempfindlichkeit, Ausdauer und den unbändigen Willen zum Siege. Und damit wurden sie gemeinsam mit ihren Herren zum gefährlichsten Gegner dieses wehrhaften Wildes. Zugegeben, zahllose Hunde verloren bei dieser Jagd ihr Leben, die Überlebenden aber waren die Sieger, sie waren die Hunde, welche dieses großartige Hundegeschlecht in der Zucht verbreiteten. Aus diesem Zuchtmaterial, ausgewählt in der strengen Auslese der Jagd auf wehrhaftes Wild, wurden die großen Kampfhunderassen geschaffen.

Es erscheint für uns außerordentlich interessant, in Ergänzung zu dem Jagdgeschehen in unseren Landen einen Bericht vom indischen Kontinent aufzunehmen. In dem Buche »13 years among the Wild Beasts of India« berichtet der Engländer George P. Sanderson über »Dangerous Game Hunting with Dogs« in den 70er Jahren des vergangenen Jahrhunderts. Hier wurden englische Kampfhunde, alle aus dem Schlage der Bull and Terrier, auf Bären, Büffel, Elefanten und Panther eingesetzt. Der Autor betont, daß gerade diese Kreuzungsrasse hervorragend von ihrer charakterlichen Veranlagung her sich für diese Jagd eigne. Hier vereinten sich des Bulldogs bedingungsloser Mut und sein direkter Angriff auf großartige Weise mit der Schnelligkeit und der Intelligenz des Terriers. Auf diese Dinge werden wir bei den Rassebeschreibungen noch im einzelnen eingehen. Unser Großwildjäger führte in seiner Meute als Packer sechs Bull and Terrier, alle etwa 15–20 kg schwer. Begleiten wir ihn auf seinen Jagdzügen durch Indien.

»Eines Morgens gelang es meinen Männern, zwei Bären auszumachen an günstiger Stelle an einem Hügel zwischen einigen Felsen ... Wir näherten uns den Felsen von der Seite ... Als uns die Bären auf etwa 30 Schritte bemerkten, ergriffen sie die Flucht. Ich erlegte die Bärin mit einem Schuß, sie stürzte den Felsen herab und rollte noch ein Stück weiter. Der Bär sprang über sie hinweg und rannte brüllend den Hügel hinab. Die Hunde waren noch angeleint. Sobald der Bär die Flucht ergriff, wurden sie losgemacht. Unglücklicherweise stürzte sich Turk auf die tote Bärin, die anderen fünf Hunde setzten dem Flüchtling nach. Marquis war als erster am Bären, sprang gegen seinen Kopf und beide überschlugen sich, der Bär laut klagend. Ich dachte, daß sich kein Hund bei solchen Überschlägen festhalten könne, aber als beide zum Halten kamen, hing Marquis fest am Kopfe des Bären verbissen. Der Bär erhob sich nun auf die Hinterbeine und hätte wohl den Hund mit den Tatzen abgeschlagen, aber in diesem Augenblick packte Bismark ihn an einem Ohr, Lady am anderen, und Viper und Fury faßten ihn an der Schnauze. Von diesem Augenblick an war der Bär nicht mehr in der Lage, sich zu verteidigen, die Hunde rissen ihn seitwärts um und drückten seinen Kopf gegen den Boden. Er versuchte heftig, aber vergeblich, mit seinen Pranken seinen Kopf frei zubekommen, aber die Hunde drückten weiter seinen Kopf gegen den Boden, so daß er mit den Tatzen nicht weit ausholen konnte, wodurch seine Prankenhiebe die Hunde kaum verletzen konnten. Innerhalb von zehn Minuten war der Bär erschöpft, und zwei Messerstöße hinter der Schulter erledigten ihn endgültig ... Keiner der Hunde erlitt bei diesem Kampf auch nur eine Schramme« (siehe hierzu auch die Illustration »Bear Hunting with Dogs«).

Unser Großwildjäger führte seine Meute auch gegen wilde Büffel in Indien. Er ist aufgrund seiner Erlebnisse der festen Überzeugung, daß ein Bison oder Wildbüffel keinerlei Chance gegen drei oder vier Kampfhunde habe, seine enorme Kraft helfe ihm nichts gegen solche Gegner.

Am 30. 8. 1876 zog er auf Jagd mit fünf Packern und einer Anzahl von Suchhunden (Finder). Nach zwei Stunden der Suche kamen sie den Büffeln nahe, und die schnellen Suchhunde wurden losgelassen. Die Packer blieben an der Leine bis die Spürhunde das Wild gestellt hatten. Sie setzten einem einzelnen Bullen nach, bis dieser sich an einem Hügel stellte, dann wurden die Bull and Terrier losgelassen »Ich bekam gerade in dem Augenblick Sicht auf das Opfer als Bill an die Bullennase sprang und festhielt. Da wendete der Bulle um und donnerte den Berg herab, an mir vorbei mit einer Geschwindigkeit, welche für so ein schweres Tier ganz erstaunlich war. Bill hielt natürlich eisern fest, obwohl er durch zwei oder drei Gehölze von dichtem Wuchs geschleppt wurde, wo jeder andere, weniger entschlossene Hund hinweg gewesen wäre. Bill war das Modell eines Packers, er brach jeweils gerade durch und wartete nie lang auf eine bessere Gelegenheit oder gar auf die Hilfe der anderen Hunde. Gelegentlich mögen Hunde durch derartig rücksichtslosen Mut getötet werden, aber im allgemeinen sind sie am sichersten, wenn sie ohne jedes Zögern durchbrechen und festhalten, trotz aller Gegenwehr. Wie oft werden Köter getötet, welche gerade Mut genug haben, um einmal zuzuschnappen, wenn sie in die Reichweite eines wirklich gefährlichen Gegners gelangen, während die Hunde, die zufassen und bedingungslos festhalten, bei solchen Bestien vergleichsweise unbeschädigt davonkommen... Die anderen Hunde erhielten erst ihre Chance, als der Büffel am Fuße des Berges ankam, sie sprangen nach seinem Kopf, einer nach dem anderen, und zogen ihn herunter. Sie hielten seine Nase am Boden, während er brüllte vor Furcht und Schmerz. Dabei machte er einige vergebliche Versuche, die Hunde mit den Hörnern aufzuspießen. So erwiesen sich ein paar Hunde gegenüber dem Büffel als viel gefährlicherer Gegner als etwa ein Tiger. Dieser kann seiner Größe wegen vom Büffel viel leichter aufgespießt und zertrampelt werden«. Der Büffel wurde durch eine Kugel des Jägers erlöst.

Wir beschließen diese Berichterstattung aus Indien mit einem Jagdzug auf Elefanten. Die Jagdgesellschaft befand sich auf der Bärenjagd im Dschungel, als sie auf einen jungen Elefanten stieß, etwa zweijährig, der von seiner Herde abgekommen war. Man entschloß sich, die Hunde auch hier zu erproben. »Der Elefant hatte uns gesehen und trottete weg, er war jedoch noch keine zweihundert Schritte gekommen, als Lady ihn einholte und mit einem Satz gegen die Wange ansprang und sich verbiß und festhing. Sekunden später hatten Bill und Turk ihn am Rüssel. Er strauchelte, als Bismark den oberen Teil des Ohres packte, der am weitesten von ihm weg war, also direkt am Kopf. Als der Elefant wieder hoch kam und losrannte, ritt Bismark auf seinem Kopf, das Ohr fest in den Zähnen, seine Hinterläufe hingen auf der anderen Seite herunter. Der Elefant trompetete laut und zerrte Bill und Turk an seinem Rüssel hängend am Boden entlang, oft lagen sie auf dem Rücken und waren stets in Gefahr, zu Tode getrampelt zu werden. Der Dschungel war voll trockenem Bambus, durch das Verfolgte und Verfolger mit großem Getöse zogen. Alle die kleinen Hunde, nahezu irre vor Aufregung, kläfften und schnappten nach den Hinterbeinen des Elefanten als wären sie hinter einem Schaf her, trotz der Tritte, welche sie abbekamen. Es schien völlig sicher, daß einige Hunde hier getötet würden. Bill und Turk hatten die gefährlichsten Plätze, – aber diese Packer lassen erst los, wenn sie auf der Stelle getötet werden. Die Jäger hatten Seile auf einem zahmen Elefanten, etwa eine Meile weg. Diese wurden herbeigeholt, während der Kampf zwischen Hunden und Elefanten andauerte. Als die Seile endlich ankamen, waren Bismark, Lady und Bill immer noch an ihren Plätzen. Turk jedoch war so erschöpft, daß er abgeschüttelt wurde... Wären die Seile nicht zu diesem Zeitpunkt gekommen, wären die Packer wohl langsam erschöpft gewesen und der Elefant entkommen. Durch zwei Fesseln an den beiden Hinterbeinen, verbunden mit einem großen Baum, wurde der Elefant gebändigt. »Als beide Beine gesichert waren, mußten wir die Hunde vom Elefanten lösen, eine sehr gefährliche Aufgabe, weil man sie erst erwischen muß, festhalten und langsam abwürgen, und das innerhalb der gefährlichen Reichweite des Elefanten«. Der Elefant, zwei Jahre alt, wog etwa 450 kg, »eine gute Beute für Hunde mit einem Gewicht um 20 kg!«.

Unser Großwildjäger berichtet von weiteren Einsätzen seiner Packer gegen Leoparden, Bären und Panther. Zwei Probleme brachten diese Kämpfe. Zum einen bestand stets die Gefahr, daß die Hunde in großer Erregung untereinander in Streit gerieten, zum anderen erschöpften sich die Tiere in den Kämpfen gegen so wehrhafte Gegner bei längerer Dauer so sehr, daß sie bei der Hitze in diesen Ländern nahezu ohnmächtig und halb erstickt zusammenbrachen, – nach dem Sieg. Nur unter reichlichen Wassergüssen kamen sie dann langsam wieder zu sich.

Einige Anmerkungen aus typisch englischer Sicht zu der Frage der Grausamkeit dieser Hatz gegenüber dem »armen Hund«. »Viele Leute sprechen von Grausamkeit und Schmerz ganz im abstrakten Bereich ohne sich genau die Umstände des einzelnen Falles anzusehen. Einige würden sich überhaupt nichts dabei denken, etwa einen Bull and Terrier monatelang angekettet zu halten, aber sie verurteilen lauthals, einen solchen Hund der Gefahr auszusetzen, von einem wilden Tier getötet zu werden. Jedermann, der auch nur etwas Ahnung hat, weiß, daß diese Hunde in ihrer vollen Erregung überhaupt keine Schmerzen empfinden, während sie – der Freiheit und Bewegung beraubt – ernsthaft leiden. Ihre natürlichen Instinkte finden ihre höchste Erfüllung im Kampf und im rücksichtslosen Einsatz. Kann irgend jemand überhaupt daran zweifeln, welches der beiden Leben der Hund selbst erwählen würde, – entweder den Kampf gegen die wilde Bestie oder das Leben, angekettet im Zwinger? Wenn jemand dies ernsthaft in Frage stellt, so hat er keine Ahnung von Kampfhunden.«

Wir haben diesen Berichten deshalb breiten Raum gegeben, weil sie den Einsatz der Kampfhunde auf wehrhaftes Wild ganz hervorragend schildern. Es sollte für unsere Leser nicht schwer sein, zur Jagd in unseren europäischen Wäldern auf Auerochsen, Hirsch, Sau und Bär zurückzufinden und sich ähnliche Kampfszenen vorzustellen, wie sie uns hier aus Indien plastisch geschildert werden. Unsere Hatzrüden, ebenso wie diese todesmutigen Bull and Terrier, waren dem Menschen willige und stets einsatzbereite Helfer bei der großen Jagd auf wehrhaftes Wild. Sie trugen entscheidend dazu bei, daß der Mensch Herr über diese gewaltigen Tiere wurde, sich das Tierreich untertan machte.

3. Kampf gegen Bären und Löwen

In der griechischen Sage finden wir auf dem Schild des Achilles die Darstellung des Sieges seines Hundes über zwei Löwen. Weiterhin berichtet die Sage – wohl in Übertragung dieses Bildes – davon, daß der Perserkönig Kambyses (Regentschaft 529–522 v. Chr.) einen Hund besessen habe, der es mit zwei ausgewachsenen Löwen im Kampfe aufnehme. Hier haben wir Beispiele von dem ewigen Traum, von der Sehnsucht nach dem unüberwindbaren Hunde als treuem Begleiter des Menschen, der selbst den »König der Tiere« – den Löwen – besiegt.

Hierzu gleich noch eine dritte Geschichte: »Alexander der Große, von 356–323 v. Chr. König von Mazedonien, kam bei seinen großen Feldzügen nach Indien. Aelian, römischer Geschichtsschreiber, berichtet (etwa 220 n. Chr.), daß die Inder Alexander gewaltige Hunde vorführten, ›Abkömmlinge von Tigern‹, die es aufgrund ihres edlen Blutes ablehnten, gegen Hirsch, Sau oder Bären zu kämpfen. Einzig und allein der Kampf gegen Löwen war für sie ›standesgemäß‹. Zuerst ließen die Inder einen Hirsch frei, aber der Hund kümmerte sich nicht darum, dann einen wilden Eber, der Hund blieb ruhig und uninteressiert, selbst der nun herangeführte Bär änderte nichts an seiner Haltung. Sobald er aber des Löwen ansichtig wurde, so packte ihn grimmiger Zorn und ohne das geringste Zögern oder irgend ein Anzeichen von Furcht stürzte sich der Hund auf den Löwen, packte ihn mit gewaltigem Griff und begann ihn zu würgen. Da befahl der indische König Sopeithes, der die Härte des Hundes genau kannte, man sollte dem Hund den Schwanz abschneiden, der Hund schien hiervon überhaupt nichts zu spüren. Der Inder befahl, einen Fuß abzuhacken, auch dies wurde getan, aber wiederum zeigte der Hund keinerlei Reaktion. Ein zweites Bein wurde abgehackt, aber sein Biß verlor nichts von seiner Wildheit und

Löwenkampf in der Arena zur Zeit Kaiser Alexanders: Stich Stradanus (1523–1605)

Sammlung: Dr. Fleig

so auch nach dem Verlust des dritten – und des vierten Beines. Schließlich wurde der Kopf vom Rest des Körpers mit dem Schwert abgetrennt, aber die Zähne des Hundes hielten mit der gleichen Zähigkeit fest wie zu Beginn des Kampfes«.

In diesem Bericht Aelians liegt wohl die geistige Urheberschaft für manche später dokumentierten Berichte ähnlichen Geschehens. Der Leser sollte sich bewußt sein, daß auch Geschichtsschreiber hin und wieder Fabeln in ihre Berichte mit aufnehmen, die zwar in ihren Grundzügen gewisse Wahrheiten enthalten, dennoch von der Phantasie so ausgeschmückt wurden, daß dabei gewisse Übertreibungen einflossen. Sicher ist eines, gerade unsere Kampfhunde zeichnen sich dadurch eindeutig aus, daß ihr Schmerzempfinden während des Kampfes nahezu völlig ausfällt. Sie geraten im Kampf, insbesondere bei schmerzhaften Verletzungen, in eine Art »Rotphase«, – einen Beißrausch, und werden dabei völlig unempfindlich gegen jeden physischen Schmerz. Eine solche »Rotphase« wird ja fälschlicherweise dem kämpfenden Stier zugeschrieben, der blindlings das rote Tuch angreife. Dieses falsche Bild für den Stier läßt sich ganz ernsthaft auf echte Kampfhunde übertragen, sie geraten im Kampf in eine Phase, in der Wut und Kampfeslust das Schmerzempfinden ausschalten. Gerade hierin liegt die große Gefährlichkeit dieser Hunde, – und eine gewisse Problematik bei ihrer Erziehung und Haltung, worauf wir noch näher eingehen werden. Bei unseren weiteren Forschungen wird uns sicher noch deutlich werden, wie sehr die Geschichte Aelians andere inspiriert hat, – zur eigenen Phantasie und zum eigenen aktiven Handeln.

Eine großartige Illustration des Geschehens in der Kampfarena unter der Herrschaft Alexander des Großen bietet uns Stradanus (1523–1605) in einem Kupferstich aus der Werkstatt Galle (1578) nach seinen Originalfresken. Hier kämpft vor erlesenem Publikum in der Arena der gewaltige Kampfhund gegen den Löwen, nachdem er zuvor im Kampfe gegen einen Elefanten Sieger geblieben war.

Nun aber nach England, dem Zentrum der Tierkämpfe im Mittelalter. Für den englischen Adel, der die Hatz auf den Bären in freier Wildbahn kannte und liebte, war es ein höfisches Vergnügen, in Fallen gefangene Bären zum Kampf gegen ihre Mastiffs zu stellen. »Bearbaiting« wurde in England zu einem »höfischen Sport«, der bis zum Jahre 1050 zurück anhand von geschichtlichen Dokumenten nachzuweisen ist. Hier ließ Eduard, der Bekenner, in der Stadt Norwich einen Kampf zwischen einem Bären und sechs Mastiffs austragen. Aber auch Löwen, fürstliche Geschenke aus anderen Ländern, dienten der Belustigung bei Hofe. So ließ

Charley's Theatre Westminster: Bärenkampf nach alter Schule, Henry Alken, London 1821

Sammlung: Dr. Fleig

Bear Baiting: Stich veröffentlich im Sporting Magazine 1796

Sammlung: Dr. Fleig

James I (1566–1625), der Sohn von Maria Stuart, einen Kampf veranstalten zwischen einem Löwen und drei Mastiffs. Hierüber wird wie folgt berichtet: »Einer der Hunde, der als erster in den Käfig geschickt wurde, war bald vom Löwen kampfunfähig gemacht, der ihn bei Kopf und Hals packte und ihn durch den Käfig schleppte. Ein zweiter Hund wurde angehetzt und erlitt das gleiche Schicksal. Der dritte aber, der zu Hilfe kam, packte sofort den Löwen beim Unterkiefer und hielt ihn eine recht beträchtliche Zeit eisern fest, bis er, schwer von den Löwenpranken verletzt, seinen Griff lockern mußte. Der Löwe selbst war durch diesen Kampf ernsthaft in Mitleidenschaft gezogen und nicht bereit zum weiteren Kampf. Mit einem plötzlichen mächtigen Satz über die Hunde floh er in den inneren Bereich seiner Höhle. Zwei der Hunde starben kurz nach dem Kampf an den erlittenen Verletzungen. Der letzte aber überlebte diesen großartigen Kampf und wurde vom Sohn des Königs, Prinz Henry, mit großer Sorgfalt wieder gesund gepflegt. Prinz Henry erklärte: »Er hat mit dem König der wilden Tiere gekämpft und soll nie danach mit niedrigeren Kreaturen kämpfen müssen!« Der Hund hatte sich damit ein gesichertes Leben am englischen Königshof erkämpft.

Der Mittelpunkt dieser blutigen Kämpfe lag naturgemäß beim Bärenkampf, da man Bären sehr viel leichter und billiger beschaffen konnte als Löwen. Für dieses »Bearbaiting« bildeten sich bald einheitliche Kampfregeln heraus. Hierbei trug der Bär ein eisernes Halsband, hieran befestigt war eine Kette und diese wiederum wurde durch ein dickes Seil verlängert. Kette und Seil liefen durch an der Wand befestigte starke Eisenringe und Rollen so, daß der

Bär – aufrechtstehend – seine vierbeinigen Gegner erwartete. Diese Art der Seilführung erlaubte es dem Bärenwärter, durch Verlängern oder Verkürzen des Seiles den Bär zu kontrollieren, ohne sich selbst in den direkten Gefahrenbereich zu begeben. Die Darstellung von Henry Alken »Bear Baiting« aus dem Jahre 1820 zeigt deutlich die Kampfstellung des Bären und den Mechanismus der Kontrolle des Bären durch den Bärenwärter. Hier seien gleich zwei weitere aufschlußreiche Illustrationen angeführt. Aus dem »Sporting Magazine« des Jahres 1796 entnehmen wir eine Darstellung »Bear Baiting«, ein Bild mit viel Atmosphäre und ungewöhnlicherweise ein Kampf außerhalb der Arena im Freien. Hinzu kommt ein zweiter Stich von Henry Alken aus dem Jahre 1821, publiziert in »Real Life of London« von Pierce Egan aus Charleys Theatre Westminster. Hier geht es schon recht zünftig und bürgerlich zu, der ursprüngliche Sport bei Hofe war zur Volksbelustigung geworden.

Zunächst aber noch einmal zurück an den englischen Königshof. Elizabeth I. (1533–1603) war eine große Anhängerin aller Tierkämpfe.

Bear Baiting, handcolorierter Stich Henry Alken, London 1823 Sammlung: Dr. Fleig

Ihr besonderes Interesse galt den von ihr selbst gezüchteten Mastiffs. Bearbaiting wurde unter ihrer Regentschaft besonders gefördert. Aus alten Berichten erfahren wir, daß Elizabeth am 25. Mai 1559 den französischen Botschafter bei Hof empfing, ein hervorragendes Mahl bei höfischer Tafelmusik genoß und danach durch den Kampf mächtiger englischer Hunde gegen Bären und Bullen hervorragend unterhalten wurde.

Ihre königlichen Gnaden und der Gesandte standen gemeinsam auf der Galerie und genossen die Kämpfe bis in die späte Nacht. Der Diplomat war von diesem Spektakel so angetan, daß es von da an Ihre Majestät nie versäumte, eine ähnliche Schau für ausländische Gäste, welche sie besonders auszeichnen wollte, zu inszenieren. Bei dem berühmten Fest in Kenilworth, das zu Ehren von Königin Elizabeth veranstaltet wurde, fanden eine Vielzahl von Tierkämpfen statt. Innerhalb der sechs Tage dieses Festes wurden Kämpfe zwischen dreizehn verschiedenen Bären und einer Vielzahl von Mastiffs abgehalten, an denen sich die Königin – nach den Hofberichten – sehr erfreute. Aus dieser Zeit liegt uns der Bericht eines Augenzeugen vor, der im Sommer 1575 einen »großen Kampftag« beobachtete, wobei dreizehn Bären dem Angriff der Hunde ausgesetzt wurden. Mr. Laneham schreibt: »Es war ein sehr angenehmes, sportliches Ereignis, hier mitzuerleben, wie der Bär mit kleinen, blutunterlaufenen Augen den Angriff seines Gegners erwartete. Erstaunlich waren Mut und Schneid des angreifenden Hundes, aber auch die Geschicklichkeit des Bären, der es meist verstand, jegliche ernsthafte Verwundung zu vermeiden. Wurde er an einer Stelle wirklich gebissen, so griff er sofort energisch an, um sich wieder zu befreien. Hatte sich der Hund fest verbissen, so kam der Bär dank seiner Bisse und Prankenhiebe mit Fauchen, Brüllen, Stoßen und Pressen geschickt wieder los.« Nach den Berichten erlitt der Bär selten ernsthaftere Verletzungen, die nicht »innerhalb eines Monats durch sorgsames Belecken wieder verheilt waren«. Man kann sich leicht vorstellen, daß selbst wenn der Bär zuweilen mit Maulkorb versehen in den Kampf geschickt wurde, er allein mit seinen Pranken zahllose tapfere Hunde so schwer zu verletzen vermochte, daß sie an diesen Verletzungen starben. Dieser Kampf forderte reichen Blutzoll von den tapferen Kampfhunden. In einer ganzen Reihe von Fällen wurde aber der Bär auch von den Mastiffs zu Tode gebissen.

Der Nachfolger von Königin Elizabeth, James I., förderte diese Tierkämpfe weiter. Unter seiner Regentschaft erhielt der »Master of the Game Beares, Bulles and Dogges« ein Jahresgehalt von 450 £, eine in jener Zeit enorme Summe. Dieser Master war mit seinen Männern am englischen Königshof für alle Tierkämpfe verantwortlich. Beschaffung, Pflege und Zucht der Tiere waren seine Aufgaben. Auf Geheiß des Königs mußten alleine für die Zucht stets zumindest zwanzig Mastiff-Hündinnen im Tower von London gehalten werden als Basis für die eigene königliche Zucht von »Bärenhunden«.

In den Zeiten der Regentschaft von Queen Elizabeth und James I. entstanden rund um London eigene Bear Garden, Arenen für Tierkämpfe, welche nunmehr auch dem einfachen Volke zugänglich wurden. Das älteste derartige Gebäude dürfte wohl der »Old Bear Garden« in Bankside, Southwark sein, der 1574 erstmalig geschichtlich erwähnt wird. Dieses Gebäude liegt mitten in London am Südufer der Themse und kann heute noch – allerdings in neuer Gestalt – als Bear Garden Museum besichtigt werden. Ursprünglich war dieses Gebäude offensichtlich in Nachahmung der alten römischen Amphitheater rund gebaut und hatte kein Dach. In diesen Gebäuden wurden Bären, Bullen und andere wilde Tiere für den Tierkampf gehalten. Wir finden eingebaute Bärenhöhlen, zuweilen sogar verbunden mit Wasserlöchern, so daß die Bären baden konnten. Um das Zen-

*The Fight between the Lion Wallace and the Dogs Tinker and Ball at Warwick.
Nach Pierce Egan's Anecdotes, London 1827*

trum herum, wo die »pit« – der Kampfplatz – angelegt wurde, erhob sich die Tribüne für die Zuschauer. Unter den Tribünen waren die Unterkünfte für die Tiere.

Unter Oliver Cromwell (1599–1658) wurden nach seiner Machtergreifung die Tierkämpfe von den Puritanern verboten. In der Restauration lebten diese Kämpfe dann um so stärker wieder auf und fanden insbesondere bei den breiten Volksmassen immer mehr Anhänger. Man war der Meinung, daß in dem Duell zwischen Bär und Mastiff immer neu eine uralte Erbfeindschaft ausgetragen werde. Hierbei hatte der Bär den Vorteil seiner Größe, seiner überlegenen Kraft und seines dicken Pelzes, der ihn nahezu unverwundbar machte. Es war ein Kampf Zähne gegen Pranken.

Oft wurden auch zwei Hunde gleichzeitig gegen den Bären angehetzt, manchmal der Bär zusätzlich durch ein stachelbewehrtes Halsband an der Kehle geschützt, da man den »wertvollen Bären« für viele Kämpfe brauchte. Bei anderen Kämpfen wiederum wurde dem Bär ein Beißkorb angelegt, um ihn in seiner Abwehr auf seine Pranken zu beschränken, und um dabei auch das Leben der Hunde zu schonen. In diesem Zusammenhang ist die Feststellung recht interessant, daß der Prankenhieb des Bären um so gefährlicher wirkt, je weiter das Opfer weg ist. Hat der Hund erst den Bären bei der Kehle gefaßt, so kann der Bär ihn mit seinen Pranken durch die veränderte Hebelwirkung viel weniger gefährden.

Die Intensität dieses »Sports« und seine Popularität bei den Massen ist nur dadurch zu verstehen, daß die typisch englische Wettleidenschaft sich auf den Ausgang der Kämpfe konzentrierte. Unter den Zuschauern wurden Wetten abgeschlossen, ob ein bestimmter Hund den Bären an der Kehle zu fassen bekomme, wie lange er festhalten könne und so fort. Hierfür gab es Berichte über bisherige Kämpfe und ihren Ausgang, sowohl über den Kampfbären wie über den Hund. In diesem Zusammenhang muß noch betont werden, daß die Bären in den Bear Garden professionell gehalten wurden. Der Bärenbesitzer erlaubte es Hundebesitzern, für einen gewissen Grundeinsatz ihren Hund gegen den Bären zu hetzen. Diese Einsätze der Hundehalter und die Eintrittsgelder der Zuschauer machten einen erfahrenen Bären zu einer Kostbarkeit, die ihrem Besitzer Reichtum bringen konnte. Auch rankten sich bald um einzelne Bären Legenden wegen ihrer Geschicklichkeit, sich der Hunde zu erwehren. Aus der Zeit Shakespeare's wird über einen Bären mit dem Namen »Blackface« berichtet, der bei seinen Kämpfen in der Regel durch ein breites eisernes Halsband geschützt wurde. Mit diesem Halsband angetan focht der Bär 22 Kämpfe gegen berühmte Mastiffs aus und besiegte sie alle. Schließlich wurde er ohne das schützende Band gleichzeitig dem Angriff von drei riesigen Mastiffs ausgesetzt, die ihn töteten. Sein Ruhm ist der Nachwelt in einer alten englischen Ballade überliefert.

Die zeitgenössische Literatur erweist sich als so interessant, in der Atmosphäre des Kampfgeschehens so dicht, daß es ein Jammer wäre, diese bildhafte Sprache durch die heutige nüchterne Ausdrucksweise des Autors zu ersetzen. So darf ich zum Nutzen meiner Leser dieses Kapitel mit zwei zeitgenössischen Berichten ausschmücken.

In dem Buch »Real Life in London«, geschrieben 1821 von einem »Amateur«, finden wir eine erstklassige Schilderung eines Bearbaiting. Zwei Besucher gerieten dabei in die Westminster Pit. Die Zuschauerschaft war recht gemischt, Metzger, Hundeliebhaber, Raufbolde, modisch gekleidete Herren, Stutzer, Straßenhändler, Kohlenträger, Fährleute, Soldaten und livrierte Bedienstete. »Bei unserem Eintritt wurde der Bär gerade von dem Hund am Kopf gepackt. Dieser gehörte einem glühenden Anhänger dieses ›Sportes‹, der mit hochgekrempelten Hemdsärmeln allen erklärte, daß dies ein verdammt guter Griff sei, wirklich ein erstklassiger Griff, so wahr ihm Gott helfe. Dieser Hund hatte unter Einsatz seines Lebens den armen Bruin, den Bären, an der Unterlippe gepackt. Bruin stieß ein gewaltiges Geheul aus, das den Grad seines Leidens deutlich machte und versuchte dann, dem Hund einen brüderlichen Hieb zu verpassen. Die vielen anderen Hunde am Ring keiften laut voller Gier, an diesem Vergnügen sich aktiv zu beteiligen. Der Bär war mit dem Halsband über eine Kette an einem Haken an der Wand angebunden und wurde dadurch gezwungen, fast aufrecht zu stehen. Er schüttelte heftig seinen Gegner mit all der Wildheit und Wut, welche durch diese überaus heftigen Qualen erzeugt werden. Nunmehr wurden Wetten abgeschlossen und Uhren herausgezogen, um genau festzuhalten, wie lange der ›Wau-Wau‹ den knochigen Russen noch belästige.

Die Hundezüchter überboten sich gegenseitig in der Bewertung ihrer ›Hundeschätze‹. Jeder hielt seinen Liebling zwischen den Beinen, um eine günstige Gelegenheit für eine Kampfwette entgegenzunehmen, und viele Wetten wurden in kurzer Zeit gewonnen oder verloren. Bob blieb hierbei stiller Zuschauer, während sein Vetter, der sich besser auf die Gerüchteküche verstand, sich unter die pokergesichtigen Sportsleute mischte, nach dem Namen der Hunde frug, welche Siege sie schon errungen und wann sie zuletzt gekämpft hätten und andere für Amateure ebenso wichtige Fragen stellte«.

Über den weiteren Verlauf des Kampfabends wird berichtet: »Die danach gegen Bruin antretenden Hunde wurde der Bär ebenso schnell los wie sie an ihn herankamen. Gelang es einmal einem von ihnen, einen Griff anzusetzen, so

Bear Baiting: Henry Alken, London 1820

Sammlung: Dr. Fleig

erhielt er einen Tatzenhieb, der ihn nahezu das Leben kostete, zumindest aber alle Kraft aus ihm heraus schlug, so daß er nicht länger festhalten konnte. War Bruin mit einem Gegner fertig, so war dies nur das Signal für den Angriff des nächsten Hundes« . . . »Als Charley dachte, sein Bär habe für diesen Abend nun genug Bewegung gehabt, wurde dieser in seinen Käfig zurückgeführt, zerschunden und fast lahm, um von seinen Wunden zu genesen mit dem alleinigen Ziel, bald für neue Kämpfe bereitzustehen«.

Aus dem Jahre 1825 liegt noch ein besonders eindrucksvoller Bericht über einen Kampf zwischen Wombwell's Löwen und Kampfhunden vor. Hier wurden wochenlang in Zeitungsanzeigen tapfere Hunde zum Kampf gegen Mr. Wombwell's Löwen gesucht. Vierundzwanzig Hunde wurden für den Kampf in Warwick gemeldet. Hieraus traf Mr. Wombwell eine Auswahl, wobei er klugerweise die größten ablehnte, so daß den Löwen nur Hunde mittlerer Größe entgegenstanden. Nach Berichten und Bildern handelte es sich dabei eindeutig um die für diese Zeit neuen »Bull and Terrier«. Die Kämpfe wurden in der Old Factory in Warwick abgehalten, wobei ein großer eiserner Käfig, der eigens für diesen Zweck konstruiert wurde, die Kampfarena bildete. E. S. Montgomery hat von dem ersten Kampf zwischen Nero und drei Bull and Terriern einen recht anschaulichen Bericht in einer alten Tageszeitung gefunden. Dieser Kampf fand am 26. Juli 1825 statt. Hier der Bericht: »Nero, der Löwe, war ein zahmes Exemplar, von Jugend an von liebevoller Pflege des Menschen umhegt. Obgleich Nero sich deshalb zunächst nur verteidigte, lieferte er seinen Gegnern einen fürchterlichen Kampf. Drei Kampfhunde traten gegen ihn an. Turk, ein reinrassiger Bull and Terrier von brauner Farbe, etwa 16 kg schwer. Kurze Zeit zuvor hatte er einen viel größeren Hund besiegt und auch getötet. Von diesem Kampfe her war sein Hinterkopf noch stark verschwollen und nahezu skalpiert. Der zweite Gegner war eine falbenfarbene Hündin und der dritte Tiger, ein großer schwarzer Bull and Terrier. Die Hunde wurden gleichzeitig gegen den Löwen angehetzt und flogen allesamt ohne das geringste Zögern auf den Kopf des Löwen zu. Nach ungefähr fünf Minuten mußte die falbenfarbene Hündin herausgenommen werden, lahm und offensichtlich völlig erschöpft. Nach weiteren zwei Minuten kroch der zweite Hund Tiger, fürchterlich vom Löwen zugerichtet, aus dem Käfig. Der braune Hund Turk, der leichteste von den Dreien, aber von unglaublicher Tapferkeit, setzte den Kampf alleine fort. Es bot sich den Zuschauern ein ganz außergewöhnliches Schauspiel. Der Hund, völlig auf sich selbst gestellt, gegen eine Bestie von etwa zwanzigfachem Gewicht, setzte den Kampf mit völlig ungemindertem Mut fort.

Obwohl er aus zahllosen, von den Löwenpranken gerissenen Wunden blutete, packte er die Nase der Bestie und verbiß sich mindestens sechsmal darin. Als sich schließlich der Löwe mit einer verzweifelten Anstrengung befreite, schob er sein volles Gewicht auf den Hund und hielt ihn zwischen seinen Vorderpranken länger als eine Minute fest. In dieser Zeit hätte der Löwe einhundertmal den Kopf des Terriers zermalmen können, aber er unternahm nichts, um den Hund auch nur zu verletzen. Der arme Turk wurde dann durch den Hundewärter herausgeholt, schwer verletzt, aber doch noch am Leben. Und in dem Augenblick, als er unter dem Löwen hervorgezogen wurde, verbiß er sich wohl nun zum zwanzigstenmal erneut in dessen Nase«.

Der zweite Kampftag mit dem Löwen Wallace am 30. Juli 1825 in Warwick endete mit einem eindeutigen Sieg des Löwen, der von den Hunden kaum verletzt wurde. Wir möchten diese Kämpfe durch eine bildliche Darstellung aus Pierce Egan's Anecdotes aus dem Jahre 1827 verdeutlichen. Hier wird der Kampf zwischen Wallace und seinen tapferen Gegnern eindrucksvoll wiedergegeben.

Und mit diesem Bericht dürfen wir das Kapitel der Kämpfe unserer tapferen Hunde gegen große Raubtiere verlassen.

4. Kampf gegen den Bullen

Die in England landenden Römer stießen auf die »breitmäuligen, gewaltigen Hunde Britanniens«, die ihre volle Bewunderung fanden, da sie offensichtlich an Wildheit und Angriffslust die in Rom bekannten Molosser-Hunde bei weitem übertrafen. Die römische Besatzung beauftragte einige Offiziere, möglichst viele der britannischen Mastiffs herbeizuschaffen und nach Rom zu bringen. Hier wurden die Hunde in den großen Kampfarenen gegen Löwen, Bären, Bullen, Elefanten und auch zweibeinige Gladiatoren in den Kampf geschickt. Römische Geschichtsschreiber loben an diesen britannischen Hunden insbesondere, daß sie in den Zirkuskämpfen »die Nacken der Stiere brechen«.

Wie es bei solchen Schaukämpfen gegen mächtige Kampfstiere zuging, dies zeigt uns eine großartige Darstellung von Stradanus (1578). Hier treten schwerbewaffnete Männer, begleitet von ihren großrahmigen Kampfhunden, und Reiter mit Lanzen gegen die Bullen an. Dabei gewinnt man den Eindruck, daß die gequälten Bullen ihre Haut so teuer wie möglich verkauften.

In England finden wir erste geschichtliche Spuren über Bull-Baiting in der Zeit der

Bullbaiting-Szenen: Henry Alken, London 1817

Sammlung: Dr. Fleig

Regentschaft von King John. Nachdem in England die wild lebenden Auerochsen in den Wäldern ausgerottet waren, fand der Adel in besonders gezüchteten und wütend gemachten Stieren einen neuen »Gegner für ihre Hunde«. Da der Bulle seiner Natur nach besonders angriffslustig ist, erschien es dem Adel ein willkommener Zeitvertreib, an diesen Tieren die Schärfe ihrer Hunde zu erproben.

Der erste geschichtliche Nachweis liegt in dem Bericht »Survey of Stamford«: »William, Earl Warren, oberster Lord dieser Stadt in der Regierungszeit von King John (1199–1216 n. Chr.), stand auf der Burgmauer von Schloß Stamford und beobachtete tief unten auf der Wiese einen Kampf zweier Bullen um eine Kuh. Da stürzten plötzlich Metzgerhunde, große und kleine, heran und jagten einen der Bullen durch die ganze Stadt. Der Bulle wurde durch all den Lärm und die Vielzahl der Angreifer nahezu irre. Dieses Schauspiel gefiel Earl Warren so sehr, daß er alle diese Wiesen (Schloßwiesen genannt), auf denen der erste Bullenkampf stattfand, ab dem Zeitpunkt, zu dem das erste Gras abgeweidet war, den Metzgern zu ihrer

Bullbaiting: Henry Alken, London ca. 1820

Sammlung: Dr. Fleig

freien Verfügung überließ, unter der einzigen Bedingung, daß sie zur Fortsetzung dieses ›Sportes‹ jedes Jahr sechs Wochen vor Weihnachten einen wilden Bullen bereitstellten«.

In der Regierungszeit von King John wurden solche Kämpfe in großen Arenen abgehalten, der Bulle lief frei, unbehindert durch Kette oder Seile. Für diese Kämpfe brauchte man große Hunde von ausreichendem Gewicht, fähig, den »mit der Wildheit des Tigers angreifenden Bullen« an den Nüstern zu packen (»pinnen«) und nur durch eigene Körperkraft, Gewandheit und wilde Entschlossenheit niederzuzwingen. Dies waren die Anfänge des Bull-Baiting in England. Bei diesen Kämpfen war es durchaus möglich, daß der Hund durch die Gewalt seines Ansprungs den Bullen umwarf. Diese Kampfart mit frei sich bewegenden Bullen finden wir jedoch nur in wenigen Berichten. Offensichtlich fehlte es an sicheren Arenen, in denen diese Kämpfe ohne Gefährdung der Zuschauer ausgetragen werden konnten.

Viel gebräuchlicher war der Kampf gegen den angeketteten Bullen, er wurde am Bullring durch ein Seil festgemacht. Hierdurch konnten praktisch in jedem Dorf auf dem »Bullanger« Kämpfe ausgetragen werden. Ziel des Hundes bei seinem Angriff war »pinning and holding«, der Angriff zu den Nüstern des Bullen und danach das gnadenlose Festhalten. Die Nase des Bullen ist seine empfindlichste Stelle, hier festgepackt ist er nahezu hilflos. Der am Bullring angebundene Bulle senkte gegenüber dem angreifenden Hund seinen Kopf möglichst tief ab. Kampferprobte Bullen (game bulls) scharrten sich mit den Vorderhufen Vertiefungen, um die empfindlichen und gefährdeten Nüstern dem Zugriff des Hundes zu entziehen, nur die

Hörner empfingen den Angreifer. Der Hund wiederum mußte beim Angriff auf den angebundenen Bullen mit dem Körper so tief wie möglich bleiben, um den Hörnern des Bullen keine Angriffsfläche zu bieten (»to play low«). Größere Hunde krochen auf dem Bauche auf den Bullen zu. Im Laufe der Zeit wandelte sich die Hunderasse, sie wurde in Form des ehemaligen englischen Bulldogs speziell für diesen Kampf gezüchtet, niedrig gestellt, dabei stark und mutig genug, den Bullen zu zwingen. Diese neue Rasse war äußerst kompakt, etwa 42 cm hoch, 20–25 kg schwer, breit und muskelbepackt. Besonders charakteristisch für diese Rasse war der ausgeprägte Vorbiß. Dieser ermöglichte durch den mächtigen Unterkiefer den festen, schraubstockartigen Griff, die zurückliegende Nase ließ zu, daß der Hund, fest in den Bullen verbissen, ausreichend atmen konnte. Die alten Stiche jener Zeit zeigen den recht einheitlichen Typ dieser Hunde, wobei allerdings anzumerken ist, daß insbesondere Henry Alken meist die Hunderasse des »Bull and Terrier« darstellt, die Kreuzung zwischen Bulldog und Terrier. Hierauf werden wir bei den Rassebeschreibungen noch zurückkommen. Für den Kampf gegen den Bullen wurden die Hunde darauf gezüchtet, stets nur am Kopf des Gegners anzugreifen. Ein Bulldog, der sich an anderer Stelle verbiß, wurde als unrein, nicht der Rasse zugehörig, angesehen. Durch diesen Angriff gegen den Kopf vermied man, daß das wertvolle Fleisch und die Haut des Bullen durch Hundezähne zerrissen wurden.

Über einen Kampf in der Regierungszeit von King William III. (1689–1703) haben wir einen recht anschaulichen Bericht aus der Feder des französischen Advokaten Misson, der über die Bullenkämpfe, »über die so viel in jüngster Zeit gesprochen werde«, folgendes berichtet: »Sie binden ein Seil um die Wurzel der Hörner des Bullen und befestigen das andere Ende des Seiles an einem eisernen Ring, der an einem in den Boden gerammten Pfahl befestigt wird. Durch dieses Seil, etwa fünf Meter lang, wird der Bulle auf einen Raum von etwa zehn Meter Durchmesser in seiner Bewegung eingeengt.

Einige Metzger oder andere Gentlemen, die den Wunsch haben, ihre Hunde zu erproben, stehen im Kreise herum, jeder hält dabei seinen Hund an den Ohren fest. Wenn der Sport anfängt, lassen sie einen Hund los. Der Hund springt gegen den Bullen, der Bulle bleibt unbeweglich stehen und starrt zornig auf den Hund und dreht nur etwas seine Hörner gegen ihn, um ihn nicht nahe herankommen zu lassen. Dies beeindruckt den Hund in gar keiner Weise, er rennt weiter kreisum und versucht unter den Körper des Bullen zu gelangen.

Der Bulle behält eisern seine Verteidigungsposition, er zerstampft den Boden mit den Hufen, stellt diese möglichst dicht zusammen. Dabei ist sein Hauptziel nicht etwa, den Hund mit der Spitze des Hornes zu durchbohren (sind die Hörner zu spitz, werden diese in eine Art hölzerne Scheide gesteckt), vielmehr versucht der Bulle, seine Hörner unter den Körper des Hundes zu schieben, der möglichst dicht am Boden auf ihn zukriecht und dann den Hund so hoch in die Luft zu schleudern, daß er beim Sturz möglichst den Hals brechen sollte.

Um diese Sturzgefahr zu meiden, halten sich die Freunde des Hundes bereit, um den Aufprall des Hundekörpers durch ihre eigenen Rücken zu dämpfen. Andere stehen mit langen Stangen, diese werden quergestellt mit der Absicht, den Fall dadurch zu bremsen, daß der Hundekörper an den langen Stangen zu Boden gleitet.

Trotz all dieser Vorsichtsmaßnahmen läßt ein solches Emporschleudern »den Hund eine recht hundsgemeine Melodie singen und sein Gesicht zur jammervollen Grimasse werden«. Ist er jedoch durch den Sturz nicht völlig betäubt, so wird er mit Sicherheit erneut auf den Bullen zukriechen, komme, was immer da wolle.

A few real Fanciers: Henry Alken, London 1820

Sammlung: Dr. Fleig

Manchmal macht eine zweite Schleuderfahrt gegen den Himmel ihm endgültig den Garaus. Manchmal aber auch schlägt er seine Zähne in seinen Feind. Hat er einmal mit seinen Fangzähnen zugepackt, so hält er fest wie ein Blutegel und würde eher sterben als seinen Griff zu lockern. Dann brüllt der Bulle laut, bäumt sich auf und schlägt aus, tut alles, um den Hund abzuschütteln. Am Ende reißt entweder der Hund das Stück Fleisch, das er zu fassen bekommen hatte, aus dem Bullen heraus und fällt herunter, oder er bleibt an ihm hängen mit einer eisernen, nicht endenden Hartnäckigkeit, bis die Menschen ihn wegreißen. Ihn abzurufen wäre völlig sinnlos, man könnte ihm hundert Schläge versetzen, er würde sie nicht spüren, ja, man könnte ihn eher in Stücke schneiden, ein Glied nach dem anderen, er würde trotzdem nicht ablassen. Was ist dann zu tun? Einige müssen den Bullen festhalten, andere treiben Eisenstangen in das Maul des Hundes, um den Fang mit grober Gewalt aufzubrechen«. Soweit unser französischer Jurist.

Hierzu bleibt anzumerken, daß die von ihm geschilderte Eröffnung des Kampfes durch den

63

Bildhinweise

Sauhatz S. 61 oben
Ölgemälde 18. Jahrhundert
unsigniert, Foto: Lazi Perenyi
Sammlung: Dr. Fleig

Sauhatz S. 61 unten
Nymphenburg-Porzellan
um 1800, Foto: Lazi Perenyi
Sammlung: Dr. Fleig

Schweinsjagd S. 62 oben
Jagdbuch Wolfgang Birkner,
der Jüngere Tafel 30, ca. 1600
Sammlung: Dr. Fleig

Bear Baiting S. 62 unten
Now Master George – Let go fair.
Henry Alken, London 1823
(Ausschnitt) Foto: Lazi Perenyi
Sammlung: Dr. Fleig

Bärenjagd S. 63 oben
Samuel Howitt
Ölgemälde etwa 1800, Foto: Lazi Perenyi
Sammlung: Dr. Fleig

Bull Baiting S. 63 unten
If you go so near Master George,
he will pink you.
Henry Alken, London 1823
Foto: Lazi Perenyi, Sammlung: Dr. Fleig

Wildsauhatz S. 64 u. 65
Abraham Hondius
1635
Sammlung: Dr. Fleig

Auerochsenjagd S. 66 oben
Meissener Porzellan
J. J. Kändler, ca. 1760
Foto: Lazi Perenyi
Sammlung: Dr. Fleig

Bull Baiting S. 66 unten
Now Captain Lad
Stafford 1799, Foto: Lazi Perenyi
Sammlung: Dr. Fleig

Auerochsenjagd S. 67 oben
Ölgemälde aus dem 18. Jahrhundert
unsigniert, Foto Lazi Perenyi
Sammlung: Dr. Fleig

A Dog Fight S. 67 unten
Rowlandson Stich
Londen 1. 5. 1811
(Ausschnitt) Foto: Lazi Perenyi
Sammlung: Dr. Fleig

Die Tredmill S. 69 oben
Hundetraining 1979 in USA
Bill Strode/Woodfin Camp/Focus

Kampfhundetraining S. 69 unten
1979 in den USA
Bill Strode/Woodfin Camp/Focus

Die Dog Pit S. 70 u. 71
Hundekampf 1979 USA
Bill Strode/Woodfin Camp/Focus

Haß auf den ersten Blick S. 72
Hundekampf 1979 USA
Bill Strode/Woodfin Camp/Focus

Der Zuchtochse: Steindruck, Gotha 1829, Carl Hellfarth's Steindruckerei   Sammlung: Dr. Fleig

Ochsen- und Bärenhetze in Nürnberg: aus Nürnberger Stadtbibliothek   Sammlung: Dr. Fleig

Hund gegenüber anderen Berichten recht ungewöhnlich klingt. In der Regel wird sonst erwähnt, daß der Hund nicht erst um den Bullen herumläuft, sondern zielstrebig auf ihn zukriecht, um von unten kommend die Nüstern zu packen.

Es gab zwei verschiedene »Spielregeln«. Bei einem normalen Gefecht bestand die Regel »let go«, immer nur ein Hund war Gegner des Bullen. Erst nach seinem Sieg oder seiner Niederlage durfte ein zweiter Hund »sein Glück versuchen«. Bei dem Kampf »turn loose« wurden gleichzeitig zwei oder drei Hunde auf den Bullen gehetzt, wodurch sich natürlich die Chancen sehr zuungunsten des Bullen verschlechterten.

Wir können die Geschehnisse dieser Zeit nur aus den sozialen Verhältnissen verstehen, müssen den soziologischen Hintergrund sehen. Was bei Hofe als Unterhaltung, als besondere Ehrung für ausländische Gäste galt, dies wurde dann durch die kommerziellen Tierkämpfe auf das einfache Volk übertragen. Schon immer verstand es die Obrigkeit, dem Volk »panem et circenses«, Brot und Spiele zu geben, um es von seiner miserablen sozialen Stellung abzulenken.

Der Adel gewährte mit den Bullenkämpfen dem Volke ein ganz besonderes Vergnügen. George Staverton z. B. legte in seinem Testament vom 15. Mai 1661 fest, daß die Einkünfte aus einem seiner Mietshäuser in Staines (Middlesex) auf immer dazu verwendet werden sollten, jährlich einen Bullen zu kaufen. Dieser Bulle wurde dann von Hunden gehetzt, getötet und schließlich sein Fleisch an die Armen verteilt. Dieser Wohltäter der Armen verfügte weiter, daß das bei diesem Schauspiel eingesammelte Geld dazu verwandt werden sollte, für die Kinder der Armen Schuhe und Strümpfe zu kaufen. Es ist ziemlich sicher, daß der ehrenwerte Stifter niemals darüber nachdachte, welche Grausamkeiten eigentlich diesen den Armen erwiesenen Wohltaten jährlich immer wieder vorausgehen mußten.

Hinzu kommt noch eine eigentümliche Geschichte. Man war in England über Jahrhunderte der festen Überzeugung, daß das Fleisch eines durch Hunde gehetzten Bullen viel zarter und wohlschmeckender sei, als wenn der Bulle einfach geschlachtet würde. Dabei bestand wohl die Vorstellung, daß durch die Aufregung und Anstrengung das Blut des Bullen so in Wallung gerate, daß das Fleisch hierdurch um so wohlschmeckender werde. Von diesem Aberglauben kündet ein typisch englischer Ausspruch:

»Trust me, I have a conscience as tender as a steak from a baited bull!«, – »ihr könnt mir wohl vertrauen, mein Gewissen ist so zart wie das Steak eines von Hunden gehetzten Bullen!«. Es ist aus unserer heutigen Sicht unglaublich, aber dennoch wahr, daß es in England in verschiedenen Teilen des Landes Gesetze gab, die es dem Metzger bei Strafe untersagten, einen Bullen zu schlachten, der nicht zuvor durch Hunde gehetzt wurde. Es sind eine ganze Anzahl von Urteilen überliefert, durch die Metzger wegen des Verstoßes gegen dieses Gesetz zu fühlbaren Geldstrafen verurteilt wurden.

Und noch etwas: der Alltag der Bevölkerung im Mittelalter war grau und voller Arbeit. Das Volk hatte wenig Erziehung und Ausbildung. Die Tierkämpfe brachten eine willkommene Abwechslung, man konnte insbesondere auf den Ausgang der Kämpfe Wetten abschließen. Dazu kamen Chancen für die eigenen Hunde. Die Metzger, welche zuvor ihre Hunde nur zum Viehtreiben brauchten, zum Brechen des Widerstandes unwilliger Schlachttiere, sie konnten auf einmal ihre Hunde, – wenn sie gut waren, für den öffentlichen Kampf gegen den Bullen einsetzen. Der Erfolg führte zu Ruhm und Ansehen.

Wir veröffentlichen in diesem Buch ein Skizzenblatt von Henry Alken aus dem Jahre 1817, das uns sehr anschaulich zeigt, wie festlich gekleidet man vierspännig mit der ganzen Familie oder im eleganten Einspänner zum Bullenkampf fuhr. Die Kutsche wurde zur »Ehrentribüne« bei der Vorstellung. Nicht minder beeindruckend ist die Darstellung eines unbekannten Amateurs, etwa aus dem Jahre 1800 »Bull broke loose«.

Wer sich in Ruhe diese Darstellung betrachtet, Bullen, Hunde und Menschen, der wird begreifen, daß diese Kämpfe ein Volksfest waren, Kristallisationspunkt des gesellschaftlichen Lebens in einer Zeit, da weder Fernsehen noch Fußball das menschliche Leben prägten. Passende Ergänzung hierzu sei noch eine andere Studie Alkens »A few real fanciers« aus dem Jahre 1820, wohl eine Art Parodie auf die Fanatiker dieses »Sportes«.

Daß auch die Kirche diesen blutigen grausamen Sport mehr förderte als etwa verurteilte, zeigt sich in der Tradition des »Bull-running« in Tutbury/Staffordshire. Hier wurde vom Duke of Lancaster, John O'Gaunt (1340–1399), ein eigenes Fest, das Bull-running, gemeinsam mit der Kirche eingeführt. Man gewinnt den Eindruck, daß anfänglich hier ein Sängerwettbewerb (the Minstrel's Court) stattfand und das Bull-running den krönenden Abschluß dieses Festes bildete. Es war Aufgabe des geistlichen Oberhauptes von Tutbury, den konkurrierenden Minstrels am Ende des Sängerwettbewerbs einen Bullen zu schenken. Hierbei spielte sich dann folgendes ab: »Nach dem Essen kamen alle die Minstrels zum Tore der Priorei in Tutbury, um den Bullen zu erwarten, den der Verwalter der Güter der Priorei zur Verfügung stellen mußte. Die Minstrels waren unbewaffnet. Dem Bullen wurden zuvor die Spitzen der Hörner abgesägt, Ohren und Schwanz abgeschnitten. Sein ganzer Körper wurde mit Schmierseife dick eingerieben und in seine Nüstern Pfeffer geblasen. Daraufhin kündigte der Zeremonienmeister an, daß jedermann mit Ausnahme der Minstrels dem Bullen aus dem Wege zu gehen habe. Niemand durfte näher als zwölf Meter an den Bullen herangehen oder etwa die Minstrels in ihrer Verfolgung des Bullen behindern. Nach dieser Proklamation führte der Gutsverwalter den Bullen vor die Türe. War es nun einem der Minstrels möglich, ein Stück Fell aus dem Bullen herauszuschneiden, ehe der Bulle Derbyshire erreichte, so wurde dieser Minstrel als ›König der Musik‹ anerkannt, und der Bulle war sein eigen. Erreichte jedoch der Bulle Derbyshire gesund und ohne ein Stück Fell verloren zu haben, so war er wieder das Eigentum des Priors. Wurde der Bulle jedoch festgehalten und ihm ein Stück Fell abgeschnitten, brachte man ihn zum Hause des Gutsverwalters, legte ihm Halsband und Seil um und führte ihn im Triumpfzug zum Bullring in der High Street von Tutbury. Hier wurde er von Hunden attackiert. Der erste Kampf war zu Ehren des ›Königs der Musik‹, der zweite zu Ehren des Priors, der dritte zu Ehren der Stadt. Kam es noch zu weiteren Kämpfen, dann fanden diese zu Ehren der Zuschauer statt. Am Ende des Kampfes gegen die Hunde gehörte der Bulle dem ›König der Musik‹, er konnte nach seinem Belieben über das Tier verfügen«.

Ich überlasse es gerne der Fantasie meiner Leser, sich dieses »Volksfest« vorzustellen. Der mit Seife beschmierte Bulle, mit abgesägten Hörnern und abgeschnittenen Ohren und Schwanz, durch diese Behandlung und den beißenden Pfeffer nahezu toll vor Wut, hinter ihm durch Stadt und Felder die Verfolger, an ihm abgleitend durch den Seifenschmier, von dem wütenden Tier überrannt, alle die Versuche, ihn trotz der Seife in den Griff zu bekommen. Bull-Running in Tutbury wird erstmalig 1374 historisch erwähnt und wurde 1778, also nach mehr als 300 Jahren, abgeschafft. 300 Jahre alljährliche Tierquälerei, – und dies zur Krönung des »Königs der Musik«! Eine groteskere Zusammenstellung zweier Bereiche des menschlichen Lebens ist kaum denkbar. Vergessen wir nicht, solche Volksbelustigungen und die hier freiwerdenden Leidenschaften erweckten auch be-

Bull-Baiting: S. Howitt, ca. 1800 Sammlung: Dr. Fleig

trächtliche kommerzielle Interessen, was wir schon beim »Bearbaiting« gesehen haben. Der einfache, vom Schlachter vorgeführte Stier wurde in späterer Zeit immer mehr vom erfahrenen und erprobten Kampfstier (game bull) ersetzt. Diese Stiere zogen mit ihren Besitzern durch das ganze Land. Gegen einen Einsatz von fünfzig Pence oder einem Shilling konnte jeder Hundebesitzer nun an diesen professionell gehaltenen Stieren die Tapferkeit seiner Hunde erproben. Und welcher Hundebesitzer, der einen echten Bulldog oder Bull and Terrier hatte, welcher Hundebesitzer konnte da der Versuchung widerstehen, sich selbst und insbesondere seiner Umwelt zu beweisen, was in seinem Hunde steckte? So wird von einem schwarzen Bullen aus Tettenhall berichtet, der eine weite Rundreise durch das Black Country, das Zentrum des Kohlenbergbaues von England machte. Nach dieser Rundreise soll der Kanal rund um Wednesfield und Wittenhall meilenweit voller Hundeleichen gewesen sein, »die Trophäen der Geschicklichkeit des schwarzen Bullen von Tettenhall«.

Hierzu noch eine recht farbige Illustration der Kämpfe aus einer Zuschrift an das »Sporting Magazine 1821«, die vom Herausgeber unter dem Titel »Bull-Baiting at Bristol« veröffentlicht wurde. »Sehr geehrter Herr! Eine ganze Reihe der fünfzigtausend Leser des Sporting Magazines sind sicher schon über die unvergleichlichen Grünflächen von Durdham Downs geschlendert, ... Dies war sicher einmal der hübscheste Platz in der ganzen Welt für ein Bull-Bait. Wenige Minuten nach unserer Ankunft wurde der Bull in den Ring geführt und an dem Pfahl angebunden. Bedachtsam

The Bull and Mastiff: Samuel Howitt, Stich London, September 1810   Sammlung: Dr. Fleig

umkreiste er in der vollen Länge des Seiles seinen Zirkel, seine Kreise wurden dann immer kleiner, und schließlich nahm er in der Mitte des Kreises seinen Platz ein. Hin und wieder peitschte er seine Flanken mit seinem Schwanz, mürrisch stampfte er mit seinen Vorderhufen als erwarte er ungeduldig den Beginn des Kampfes.

Ein schöner zweijähriger Hund wurde als erster gegen ihn gehetzt. Er flog wie ein Blitz auf den Kopf des Bullen zu und versuchte, mit einem verwegenen Griff sich fest zu verbeißen. Der Bulle jedoch, der sein gehörntes Haupt dicht am Boden hielt, machte eine kleine, aber außerordentlich kräftige schnelle Wendung, löste damit den Griff des Hundes im Augenblick des Zuschnappens und schleuderte den Hund hoch in die Luft. Er fiel wieder herunter, nur etwa einen Schritt entfernt von den Fesseln des Bullen und kroch sofort und unbemerkt unter seinen Körper und packte ihn an der herunterhängenden Unterlippe. Der Bulle hatte danach geschaut, wo sein Gegner fallen würde und war völlig überrascht als er spürte, daß die Zähne des Hundes sich erneut in sein Fleisch eingruben und das noch an einer Stelle, wo er es am wenigsten erwartet hätte. Jedoch in der Zeitspanne eines einzigen Augenzwinkerns wurde der Hund durch ein erneutes verzweifeltes Hochreißen des Bullenkopfes aus dem Ring geschleudert. Der tapfere Bursche jedoch, angefeuert durch die vielen Zurufe der Zuschauer, kroch erneut auf die Tod drohenden Hörner des Bullen zu. Der Bulle begegnete ihm auf halbem Wege, und durch eine erneute blitzschnelle Drehung des Kopfes stieß er ein Horn schwer in die Schulter des Hundes. Er hätte sicher diesen tapferen Kämpfer in seiner Wut umgebracht, wenn man ihn nicht dadurch befreit hätte, daß man durch einen anderen Hund die Aufmerksamkeit des Bullen ablenkte. Das weitere Schauspiel nahm nun einen ganz großartigen Verlauf. Der Kopf des alten Bullen schien sich kaum zu bewegen, während er zwei bis drei Dutzend Hunde der Reihe nach in die Luft schleuderte, zum unablässigen Schrecken der Hundebesitzer, die oft versuchten, die kopfüber zur Erde stürzenden Hunde mit ihren Armen aufzufangen. Einige dieser mutigen Tiere mußten wiederholte Verletzungen durch die spitzen Hörner und das wilde Emporgeworfenwerden hinnehmen. Dennoch krochen sie erneut auf ihren Peiniger zu und gerieten vor seine Hufe, wo sie beinahe zu Tode getrampelt wurden bei ihrem Versuch, ihren schrecklichen Gegner am Kopf zu fassen«.

Frederick W. Hackwood bringt einen sehr eindrucksvollen Bericht, in welchem Maße das öffentliche Leben einer kleinen Stadt durch einen einzigen solchen Kampf beeinflußt wurde. Dabei ist festzuhalten, daß hier bereits ein gewisser spanischer Einfluß auf die englische Szene spürbar ist. Dies macht aber das Bild nur noch farbiger. Ort der Handlung: Bilston im Jahre 1743. Hier wurde ein Fest gestaltet, das Zuschauer aus dem ganzen Lande anlockte.

»Jedes Mitglied der Gemeinde hatte eine feste Aufgabe zu übernehmen. Der Stadtausrufer, gekleidet in eine neue Uniform mit schön gepuderter Perücke und silberbesticktem Rock, führte die Prozession an, die den Bullen feierlich geleitete. Der Bulle selbst war prächtig geschmückt mit Bändern und Girlanden. Der edle Stier selbst wurde von dem furchtbaren Jack Willet persönlich geführt. Jack war in seine alte Militäruniform gekleidet und gegürtet mit einem riesigen spanischen Schwert, ein Marschall und Zeremonienmeister, der große Organisator der ganzen Veranstaltung. Die Kapelle bestand aus einem Geiger mit Holzbein und einem asthmatischen Flötisten, sie wurde unterstützt von den klappernden Stöcken der Morrice-dancers des Dorfes. Der hierdurch verursachte Lärm zog Neugierige über viele Meilen aus dem ganzen Lande an.«

Wie der örtliche Geschichtsschreiber berichtet, bot sich dem Auge ein überwältigendes Bild. In der Mitte des Kreises stand der vierbeinige Gladiator aus dem Geschlechte der Rinder und starrte mürrisch auf all die feindlichen Gesichter, besonders auf die feindlich blickenden Eigentümer der kaum weniger bösartig schauenden Bulldogs. Die Hundebesitzer waren innerhalb des Ringes aufgestellt, bereit, die Hunde loszuhetzen, wenn das Signal zum Angriff ertönte. Am Eingang des Ringes stand Jack Willet mit gezogenem Schwert, dieses schwenkte er hin und her, um die Zuschauer davon abzuhalten, in das Innere des Ringes vorzudringen. Ringsum versammelte sich die Masse der Zuschauer, die aufgrund des günstig gestalteten Geländes in mehreren Reihen übereinander sich aufstellten und so dem Ganzen den Eindruck einer spanischen Arena gaben. Nachdem alle Vorbereitungen abgeschlossen waren, schritt ein Ausrufer zur Mitte des Ringes und gab mit kräftiger Stimme folgende Ankündigung bekannt: »Alle, die einen Hund einsetzen wollen, haben hierfür fünf Schillinge zu bezahlen. Sind die Hunde zurückgezogen, so kann jedermann gegen denselben Einsatz mit einer Keule in den Ring kommen. Wer immer es fertig bringt, mit der Keule den Bullen aufs Knie zu zwingen, der hat Anrecht auf ein Viertel des Tieres!«

Nun wurde das Zeichen für den Angriff für zwei Hunde gegeben. Der Bulle empfing sie mit seinen Hörnern, und mit dem ersten Stoß schleuderte er einen von ihnen mit heraushängenden Gedärmen hoch in die Luft. Ein anderer Hund trat an seine Stelle, und die zwei fuhren fort, den Bullen anzugreifen, bis einem von ihnen das gleiche zustieß. Die Leute fingen den Hund im Fallen auf, als sei er ein Kind. Nun schritt Jack Willet zwischen die Kämpfenden und verletzte den Bullen leicht mit der Spitze seines Schwertes, was den Bullen so in Wut versetzte, daß ihm der Schaum aus den Nüstern stob. Ein Hund nach dem anderen wurde erledigt, bis schließlich Shot, ein Hund,

Bull Baiting I: Henry Alken, London 1820   Sammlung: Dr. Fleig

Bull Baiting II: Henry Alken, London 1820   Sammlung: Dr. Fleig

Jagd von Wildrindern, Stradanus (1523–1605)

Sammlung: Dr. Fleig

dessen Ruhm die Sänger über das ganze Land bekunden, angehetzt wurde. In wenigen Augenblicken hatte er den Bullen an den Nüstern fest gepackt. Jack Willet wußte genau, daß nichts in der Welt den Hund dazu bringen konnte, seinen Griff wieder zu lockern, und er befürchtete, daß so der Sport viel zu schnell ein Ende fände. So servierte er kaltblütig das Fleisch mit seinem Schwert, der Hund stürzte zu Boden und hielt eisern die Trophäe seiner Geschicklichkeit zwischen den Zähnen.

Jetzt befahl der Ausrufer, die Hunde aus dem Kampf zu nehmen, sie wurden ersetzt durch die edlen Vertreter der Menschheit, bewaffnet mit einer Keule. Im Vormarsch auf den Bullen, der durch die Pause wieder einiges seiner alten Kraft gewonnen hatte, zögerte der erste Mann etwas, als wisse er selbst nicht so richtig, wie er vorgehen sollte. Schließlich erhob er die Keule vorsichtig und hieb dann plötzlich auf den Bullen ein, in der Hoffnung, ihn zu betäuben. Aber das Tier, wohl die Gefahr ahnend, schwenkte schnell zur Seite und ebenso schnell zurück und entkam dabei dem ihm zugedachten Schlag. Ehe der Mann von der Gewalt seiner eigenen Anstrengung sich wieder erholte, erwischte ihn der Bulle mit einem Horn und schmetterte ihn gegen die Wand. Jetzt ergriff ein anderer Mann die Waffe und ein Schlag donnerte auf das Tier und zerschmetterte eines seiner Hörner. Der Bulle stürzte brüllend vor Schmerzen nieder, kam wieder hoch, stürzte gepeinigt von seiner Qual mit einem mächtigen Ruck nach vorne, kam dadurch von der Kette frei und los ging es, mitten durch die Menschenmenge.

Die Luft war voll von den Schreien aus tausend Kehlen. »Eine Gasse! eine Gasse!« klang der Schrei. Sie rannten so schnell als möglich davon und überließen es Jack Willet, dort zu leben oder zu sterben, ganz wie er wollte. Die Szene war durch extreme Angst beherrscht. Männer trampelten über Frauen, Frauen über Kinder und Kinder traten sich gegenseitig, alle im wilden Bemühen, wegzukommen. Die Schreie und Rufe schallten laut und gellend, tiefe Flüche mischten sich mit diesen verzweifelten Schreien. Jack Willet allein blieb in all dieser Aufregung kaltblütig. Er sprang über die Barriere und wartete auf seine Gelegenheit. Der Bulle jedoch, schwächer werdend durch den hohen Verlust von Blut, das über seinen Kopf und Körper strömte, machte noch einige schwache Versuche, zu entkommen, fiel zu Boden und wurde endgültig durch Willet erledigt.

Braucht man die Szenen am Schluß des Tages noch näher zu beschreiben? Der Verkauf des Fleisches brachte die notwendigen Gelder für die abschließenden Gelage, es wurde eine Orgie von Fressen und Saufen, so wie dies Bilston nie zuvor oder danach erlebte.

Wir haben bewußt diese ganze Szene in dieses Buch aufgenommen, denn hier erleben wir mit, wie unendlich grausam Menschen sein können, ohne Rücksicht auf die Schmerzen und Leiden der tierischen Kreatur und auch ungeachtet der Gefahren für ihre Mitmenschen. Und dies sei nochmals in aller Deutlichkeit wiederholt: Nicht die Tiere sind grausam, sie handeln entsprechend ihren Instinkten oder der Erziehung, die wir Menschen ihnen gegeben haben. Alle Verantwortung für diese Entartungen liegt alleine beim Menschen. Den Tieren, Bullen wie Hunden, gehört unser Mitgefühl, unsere Hochachtung für ihre Tapferkeit!

Bullbaiting entartete mehr und mehr. Es gibt unzählige Berichte über Grausamkeiten gegenüber Bullen und Hunden. Den Bullen wurden die Vorderfüße abgehakt, um zu sehen, wie sie auf ihren blutigen Stümpfen sich der Hunde erwehrten. Waren sie vom Kampf erschöpft, wurde ihnen siedendes Öl in die Ohren geschüttet, »um sie wieder munter zu machen«. Man rieb Salz in ihre Wunden, Pfeffer in die Nüstern und zündete unter ihnen Feuer an, um sie wieder auf die Beine zu zwingen. Sadisten können sich kaum Schlimmeres ausdenken als was die Chronisten berichten. Von den verblendeten Hundebesitzern hören wir, daß sie ihre Hunde, fest verbissen in den Bullen, selbst verstümmelten, um zu beweisen, daß sie »echte Bulldoggen« waren, und um den Nachwuchs um so besser verkaufen zu können. Die Unvernunft der Hundebesitzer, die aus Angabe und Habgier ihre unerfahrenen Hunde gegen die weit überlegenen erfahrenen Kampfstiere hetzten, und die Profitsucht und Gewissenlosigkeit der Bullenbesitzer ergeben ein Bild, das mit dem verniedlichenden und völlig irreführenden Wort vom »Sport« nicht zu bemänteln ist. Dies ist eine Geschichte der menschlichen Entartung, der beispiellosen Grausamkeit gegen Tiere.

Lange wütete das Bull-Baiting unter Bullen und Hunden. Der Ausbruch der Cholera in England im Jahre 1832 führte in der englischen Öffentlichkeit zu einem Wandel der Ansichten. Man sah in der Seuche eine Art Gottesurteil, und diese Krankheit rottete ganze Dörfer aus. Trotzdem wurden die blutigen Spiele fortgesetzt. Durch die halbverlassenen Straßen und Dörfer wurden die Bullen zum Kampfe geführt, geschmückt mit Girlanden und Bändern, begleitet von johlenden und angetrunkenen Anhängern dieses »Sports«. Selbst am Sonntag zogen solche bachantischen Prozessionen durch die trauernden Dörfer. So geriet diese Bewegung immer mehr in Widerspruch zu dem Empfinden der Mehrzahl der Bürger. Die Kreise, welche schon immer im Interesse der Tiere versucht hatten, diesen »Spielen« ein Ende zu machen, sie gewannen mehr und mehr die öffentliche Meinung. Schließlich gelang es, im Parlament das Verbot der Kämpfe durchzusetzen. Hierauf kommen wir noch zurück.

Trotz der sicher völlig berechtigten moralischen Verurteilung des Bull-Baitings in seiner Entartung bleibt die Tatsache, daß unsere Kampfhunderassen in diesen Kämpfen maßgebend geprägt wurden, ja sie wurden speziell hierfür gezüchtet! Wir können unsere Hunde nur aus ihrer Geschichte, aus der Aufgabe, für die sie gezüchtet wurden, verstehen. Die Kampfhunde hatten es nach der Durchsetzung des Verbots der Kämpfe sehr schwer, überhaupt zu überleben. Die Bulldogge etwa hatte völlig ihre ursprüngliche Aufgabe verloren. Dies hat danach in ihrer Weiterzucht wieder zu Entartungen und Fehlentwicklungen geführt, auf die wir noch zu sprechen kommen werden.

Nun sollten wir aber nicht England alleine die Schuld an diesen Entartungen in die Schuhe schieben. Kämpfe von Hunden gegen Bullen werden uns aus dem Mittelalter und bis ins 19. Jahrhundert aus vielen anderen Ländern berichtet, allerdings nicht in dem Maße wie aus England. Dennoch bestehen sehr wenige Zweifel daran, daß auch in allen diesen anderen Ländern grausame Entartungen und Tierquälereien stattfanden.

Betrachten wir zunächst wieder eine Darstellung von Stradanus (1578). Hier finden wir ein mittelalterliches Bild von fünf Rindern, Bullen und Kühen, im Kampf gegen lanzenbewaffnete Reiter, Speerträger und große Hunde. Der Text besagt, daß die Ochsen voller Kampfeswut, Wildheit und Grausamkeit seien und durch Bellen und Angriffe der Hunde ermüdet und danach wohl von den Männern getötet wurden. Flemming berichtet in seinem Buch »Der vollkommene Teutsche Jäger« (1719) von dem Brabanter Bollbeißer: »Wo die Bäre selten, pflegen manche Herrschaften damit Stiere, Ochsen oder Bollen zu hetzen, welches aber eine Übung, so mehr denen Fleischern, als Jägern anständig, ... Doch habe ich in Brabant gesehen, daß der Stier an einem langen Seil

»Niederländischer Bollbeißer« nach Flemming

Brabanter Bullenbeißer Bronze v. d. Bosch nach alter Terracotte

Foto: Lazi Perenyi – Sammlung: Dr. Fleig

angebunden und von solchen Hunden gehetzt worden, da er dann in einem Kreiß herumbgesprungen, welchen die Hunde meistens nach der Nase oder an die Gurgel angefallen und weil sie, wie vorgemeldet, ein stark Gebiss haben, sich sehr verfangen, eine gute Weile unbeweglich daran hängen geblieben, ... Diese Hunde sind meistentheils von kurtzen Nasen und schwartz umb das Maul, die Unterlippen stehen vor, sind gelbliche oder braunstreiffigt an Farbe und sehen mit denen Augen sehr unfreundlich und launisch aus«. Zur Illustration bringen wir hierzu die Darstellung von Flemming »Niederländischer Bollbeißer«.

Der neuen Bildgalerie für die Jugend Gotha 1829, verdanken wir einen Steindruck »Der Zuchtochse«. Uns bietet sich das vertraute Bild des Bullen in Abwehrstellung gegen den typischen Bulldog jener Jahre, ein recht eindeutiger Beweis, daß dieses »Brauchtum« durchaus auch in unserem Lande verbreitet war. Diese wenigen Beispiele über Bullbaiting auf dem Kontinent mögen hier genügen.

Bull attacked by Dogs: Sir Edwin Landseer, 1821

Sammlung: Dr. Fleig

Baiting the Bull: Sir Edwin Landseer, 1810　　　　　　　　　　　　Sammlung: Dr. Fleig

Das Thema »Bullbaiting« hat eine ganze Reihe großartiger Darstellungen gefunden, so daß wir unsere Ausführungen reich illustrieren können. Zunächst eine sehr schöne Porzellangruppe aus Staffordshire. Sie zeigt »Bull-Beating 1791 Captain Lad«. Besonders beeindruckend sind die Proportionen des gewaltigen Bullen und der kompakten Bulldogs. Captain Lad scheint hier die Rolle des Veranstalters dieses Kampfes inne zu haben. Henry Alken, dem wir eine reiche Illustration der »cruel sports« verdanken, hat natürlich gerade dem Bullbaiting besondere Aufmerksamkeit gewidmet. Neben den schon erwähnten Darstellungen bringen wir zwei zusammengehörende Blätter »Bull-Baiting« aus dem Jahre 1820. Sie zeigen einmal Bullen und Hunde in Angriffstellung und dann nach dem vom Bullen abgeschlagenen Angriff. Wir sehen, wie sich der Besitzer des weißen Hundes bemüht, mit dem eigenen Rücken den Sturz seines Hundes abzuschwächen. Noch ein weiterer Stich von Alken ist recht beeindruckend. Dieses Blatt »Bull-Baiting« ist nicht datiert, es zeigt besonders gut die Kraft des gereizten Bullen und seine Gefährlichkeit für Hunde, Besitzer und Zuschauer. Sir Edwin Landseer, der große englische Tiermaler, konnte sich wohl auch nicht der Faszination dieser Kämpfe entziehen. Wir bringen von ihm zwei Darstellungen »Baiting the Bull« (1810) und »Bull attacked by Dogs« (1821). Mit diesen eindrucksvollen Bildern dürfen wir dieses Kapitel schließen.

5. Kampf Hund gegen Hund

Der Kampf Hund gegen Hund steht im Zentrum aller »fighting sports«. Diese »Sportart« fand die weiteste geografische Verbreitung, und sie dauert nach zuverlässigen Berichten noch bis in die Gegenwart an.

Wer seine Mitmenschen oder insbesondere die Hundeliebhaber genau beobachtet, der findet auch 1981 Hundefreunde, welche geradezu besessen erscheinen von der Vorstellung, der Wert eines Hundes bestehe in seiner bedingungslosen Schärfe und Härte. Immer wieder werden Anfragen an mich gerichtet, wo denn wohl ein Hund zu kaufen sei, der hundertprozentige Schärfe und Wildheit besitze. Gerade ein solcher Hund, ja nur ein solcher Hund, wird gesucht.

Setzen Sie sich an den Biertisch und achten Sie auf die Berichte der stolzen Hundebesitzer. Baron Freiherr von Münchhausen sitzt häufig mit am Tisch. Auch hier hören Sie Erzählungen, aus denen Sie unschwer schließen können, daß der alleinige Wert des Hundes für den Erzähler in der »Blutspur« besteht, die der Hund bei seinen Auftritten und Auseinandersetzungen mit Zwei- oder Vierbeinern hinter sich läßt. Mittelalter, 18. oder 19. Jahrhundert? Nein, so auch im letzten Viertel des zwanzigsten Jahrhunderts! Pete Sparks, Amerikaner und glühender Verehrer der »cruel sports« schreibt als Herausgeber einiger historischer Reprints über dogfights im Jahre 1974: »Hundekämpfe, welche ihre Blütezeit während der brüllenden vierziger Jahre (›des zwanzigsten Jahrhunderts!‹) erlebten, sind heute allein noch im Untergrund zu finden. Menschliche Gesellschaften versuchen auf jede nur erdenkliche Weise, jene vor Gericht zu schleppen, die für solche Veranstaltungen verantwortlich zeichnen, welche sie eine Grausamkeit gegen Tiere nennen.

Aber ich bin sicher, daß, solange es noch zwei wirkliche Männer gibt mit den richtigen Hunden, solange gibt es auch Hundekämpfe!« So geschrieben 1974.

Und nun einen Sprung zurück. Captain L. Fitz Barnard, ein bekannter Preisboxer aus der Klasse der Schwergewichtler, schreibt etwa einhundert Jahre früher: »Hundekämpfe werden nicht in allen Ländern ausgetragen, und zwar mit der Begründung, der Hund sei solch ein treuer, liebender Freund und man hasse es, ihn verletzt zu sehen. Diese Begründung ist verlogen, ja schlimmer noch als verlogen. Man läßt hier einfach ein tapferes Tier deshalb nicht kämpfen, weil man seine eigenen Gefühle schützt. Der Hund liebt den Kampf, aber – wie gewöhnlich – denken wir stets nur an uns selbst. Hundekämpfe sind nicht grausam; kein richtig aufgezogener Kampf kann grausam sein! Ja, der Kampf ist sicherlich weitaus weniger grausam als den Hund für eine Hundeausstellung herumzuziehen und zurecht zu machen, ohne sich dabei überhaupt die Frage zu stellen, ob es dem Hund nicht weitaus lieber wäre, zu kämpfen, als tagelang in eine Ausstellungsbox gesteckt zu werden . . . Solange Du selbst noch keinen echten Kampfhund zu eigen hattest, solange weißt Du nicht, was wirklich ein Hund ist! Der arme Köter, angekettet und auf Ausstellungen herumgeführt, ist auf Erden für nichts anderes gut als angesehen zu werden und Geld daraus zu machen. Der zahme Sklave, der uns bei der Jagd hilft, er mag unserer Aufmerksamkeit wert sein; die gefährliche Pest, die hinter den Pferdehufen rennt und klafft, taugt nichts für das Leben; aber der Kampfhund, mit seiner nur selten verschenkten stillen Liebe und seinem Todesmut, er hat ein Anrecht auf Liebe und Respekt!«

Barnard, Experte in allen Arten des Kampfsportes einschließlich des Hahnenkampfes, charakterisiert den Kampfhund wie folgt: »Der Kampfhund ist das tapferste Wesen auf dieser Welt, – nicht einmal der Kampfhahn ist ebenso tapfer. Sein Kampf steht unter den schwierigsten Bedingungen, die es gibt. Wenn er an der Reihe ist, muß er die Pit durchqueren und kämpfen, oder er hat verloren. Von keinem anderen Tier verlangt man dasselbe. Er ist bereit, gegen alles zu kämpfen, und wenn ich sage ›alles‹ dann meine ich ›alles‹, gegen ein Stück Holz oder gegen einen Menschen, gegen eine Mücke oder gegen einen Elefanten. Nichts hält ihn auf außer dem Tod. Sein Mut ist nicht normal, und ich glaube nicht, daß man ihn mechanisch erklären kann. Mut kommt aus dem Gehirn, aus dem Charakter, nicht aus dem Körper«.

Wir werden auf die Frage der Grausamkeit gegen unsere Kampfhunde erst am Schluß dieses Kapitels eingehen, wenn wir mehr Details darüber wissen, für den Augenblick können wir ruhig die Auffassungen von Sparks und Fitz Barnard im Raume stehen lassen.

Von den zeitgenössischen Autoren erfahren wir, daß der Hundekampf in England etwa zu Beginn des 18. Jahrhunderts populär, im 18. Jahrhundert jedoch noch durch Bullbaiting weit in den Schatten gestellt wurde. Zu Beginn des 19. Jahrhunderts gehört dann der Dogfight zum festen Programm bei allen Veranstaltungen. Um die Wende zum 19. Jahrhundert begann die Verwandlung der Hunde mit der Einkreuzung von Terrierblut in die Bulldog-Rasse. Gesucht war der schnellere Hund, beweglicher im Kampf. Es zählte nicht mehr wie beim Bullbaiting das bedingungslose Verbeißen, hiermit konnte der Hundekampf nicht entschieden werden. Aus dem Kampfbulldog wird als neuer Gladiator der Bull and Terrier, und damit beginnt auch in England die Blütezeit der Hundekämpfe.

Mit dem offiziellen Verbot aller Kämpfe im Jahre 1835 durch das englische Parlament bekam in Wirklichkeit in England der Dogfight beachtlichen weiteren Auftrieb. Bei dem geringen Raumbedarf der Pit war es sehr schwierig, das Verbot zu kontrollieren. Bearbaiting und Bullbaiting verschwanden relativ schnell, ihre Anhänger wurden auf den Hundekampf abgedrängt, so daß man die Blütezeit der Hundekämpfe in England zwischen 1816 und 1860 annehmen kann. Erst danach gelang es der Polizei, die Kämpfe langsam einzudämmen, aber noch um die Wende zum zwanzigsten Jahrhundert werden in englischen Tageszeitungen Kampfhunde zum Verkauf angeboten unter Aufreihung aller ihrer Siege im Hundekampf.

Inzwischen war das Kampffieber auf die neue Welt übergesprungen. Es begann etwa 1817 und bald war der Dogfight in den USA ebenso verbreitet wie in England. Die »Million-Dollar-Breed«, »the American Pit Bull Terrier« machte das große Geschäft. Zwar erzwang die »Society for the Prevention of Cruelty to Animals« in den USA 1878 ein offizielles Verbot, 1888 wird aber noch immer wöchentlich irgendwo im Land zumindest ein großer Hundekampf ausgetragen. Über den großen amerikanischen Meisterschaftskampf 1881 in Louisville werden wir noch berichten. Centren in den USA waren die Städte Baltimore, Chicago, St. Louis, Philadelphia und Boston.

Der 1921 gegründete American Bull Terrier Club sieht in seinen Statuten »Spezialwettbewerbe for gameness« vor und trägt diese auch aus. Sparks spricht davon, daß in den vierziger Jahren dieses Jahrhunderts in den USA die Hundekämpfe ihre Blütezeit fanden. 1976 beschäftigte sich der amerikanische Kongreß in einem öffentlichen Hearing mit den Hunde-

Henry Alken: Hundekampf auf der Straße, London, 1820   Sammlung: Dr. Fleig

kämpfen, ohne daß hierbei greifbare Ergebnisse zu verzeichnen waren. Heute finden wir außer in den USA diesen »Sport« auch weitverbreitet in Latein-Amerika und Asien.

So müssen wir hier klar feststellen, daß bis in die 80er Jahre des 20. Jahrhunderts zahlreiche Dogfights in einer Vielzahl von Ländern ausgetragen werden, ohne daß die Tierschutzorganisationen dies bisher unterbinden konnten.

Kehren wir zunächst wieder zurück in das England um die Wende zum 19. Jahrhundert. Wir wissen aus unseren Berichten über Bullbaiting und Bearbaiting, daß die Tierkämpfe in der englischen Bevölkerung eine breite Anhängerschaft fanden. Freude an der Tapferkeit der Tiere, Wettleidenschaft und wohl auch die Lust an der Grausamkeit, – alles verbunden mit der sozialen Lage der Bevölkerung, – dies waren die Wurzeln für die große Popularität dieser Kämpfe.

Mit dem Entstehen der neuen Kampfhunderasse Bull and Terrier gewann der Dogfight schnell an Anziehungskraft. Diese Hunde brachten vom Bulldog die bedingungslose Kampfbereitschaft, Schmerzunempfindlichkeit, vom Terrier Schnelligkeit und eine neue Kampftechnik. Dadurch wurden die Schaukämpfe viel abwechslungsreicher und damit für die Zuschauer interessanter. Für die Hundezüchter ergaben sich neue Chancen, den großen Sieger zu züchten, ihre Hunde in immer neuen Kämpfen einzusetzen und dabei enorme Summen zu verdienen.

Dem »Sporting Magazine« aus dem Jahre 1825 entnehmen wir folgenden Kampfbericht: »Hundekampf! Am Dienstag, den 18. Januar

1825 abends war die ›Westminster-Pit‹ überfüllt von Hundefreunden aus der Hauptstadt. Sie wollten einen Kampf miterleben zwischen ›Bonny‹ und dem schwarzen Neuling ›Gas‹, der von seinem Eigentümer ›Charley‹ vorgestellt wurde. Der Einsatz belief sich auf 40 Sovereigns (nach heutiger Währung etwa DM 50,—).

Alle technischen Voraussetzungen waren zur vollsten Zufriedenheit der Zuschauer geregelt. Der Ring war durch einen eleganten Kerzenleuchter und verschwenderisch aufgestellte Wachslichter gut erleuchtet. Die Hunde wurden um 8.00 Uhr in hervorragender Verfassung zum Kampf vorgestellt, geleitet von ihren Besitzern. Bonny war mit 3:1 Favorit und hielt diese Wetten bis zehn Minuten vor Kampfbeginn. Dies war ein Vertrauensbeweis für ihn, der einzig und allein auf seinen allgemein bekannten bisherigen Erfolgen beruhte. Für den unparteischen Zuschauer zeigte der Neuling Gas viel Feuer und Kampfeslust. Der Zweikampf dauerte insgesamt eine Stunde und fünfzig Minuten. Dann wurde Bonny besinnungslos hinausgetragen, in ein warmes Bad gesteckt und sofort verbunden. Nahezu dreihundert Personen waren zu diesem Kampfe gekommen«.

Dieser Bericht zeigt die Grundelemente des Kampfes.

1. Geldeinsatz von beiden Hundebesitzern. Der Sieger gewinnt den Einsatz des Gegners.
2. Wetten. Gemäß den Berichten über frühere Kämpfe der Hunde und entsprechend der persönlichen Beurteilung durch den einzelnen Wetter wurden beachtliche Beträge auf Sieg oder Niederlage der Hunde gesetzt. Dies erhöhte beträchtlich die Nervenanspannung der Zuschauer und ähnelte dem Einsatz bei modernen Pferde- und Windhundrennen.
3. Eintrittsgelder. Dreihundert Zuschauer waren zu dem Kampf am 18. Januar 1825 in die Westminster-Pit gekommen. Eintrittsgeld wurde je nach Bedeutung der Kämpfe erhoben und floß meist dem Eigentümer der Pit zu, konnte aber auch teilweise dem Sieger zufallen.

Um das Geschehen besser zu verstehen, nachstehend die Wettkampfregeln, wie diese von Eugen Glass 1910 aus alten englischen Kampfverträgen zusammengefaßt wurden.

Wettkampfregeln für Hundekämpfe

1. Beide Hunde müssen vor dem Kampfe gewogen werden. Keiner der Hunde darf das vereinbarte Kampfgewicht überschreiten, sonst ist der Einsatz verloren. Die Farbe des Hundes ist im Protokoll auf Anforderung festzuhalten. In der Pit werden Zeitnehmer, zwei Unparteiische und der Schiedsrichter ausgesucht und mit Zustimmung beider Parteien ernannt. Die Pit soll eine Größe von 3,50 m mal 3,50 m haben und wird diagonal geteilt durch einen weißen Mittelstrich; die einander gegenüberliegenden Ringecken werden gleichfalls markiert, wobei der Ringecke etwa 60 cm Durchmesser bleiben.
2. Die Hunde sind vor dem Kampf mit der Zunge abzulecken und dabei festzustellen, ob irgendeine gefährliche Präparierung oder Einreibung der Hunde erfolgte. Ist dies der Fall, so sind die Hunde auf Anweisung des Richters völlig sauber zu waschen oder der Richter erklärt die Ansprüche auf den Kampfeinsatz als verfallen. Die Hunde müssen mit der Zunge vor und nach dem Kampfe abgeleckt werden, wenn dies so gefordert wird und der Richter dies anordnet. Zwei Kübel mit klarem Wasser sind bereitzustellen und für die Hunde auszulosen.
3. Die Ecken werden ausgelost, und jeder der Hunde ist durch die Sekundanten in fairem Stil loszulassen. Der Hund, welcher den ersten Fehler macht, d. h. der als erster sich vom Gegner abwendet, ist danach der erste,

der über den Mittelstrich auf den Gegner zugehen muß (to scratch), vorausgesetzt er wurde zu dem Zeitpunkt seines ersten Fehlers oder Zurückweichens vom Sekundanten hochgenommen. Nach der ersten Trennung haben die Hunde abwechselnd die Mittellinie zu überqueren, gleich wer den Fehler machte oder sich als erster abwendet. Der Hund, der als letzter die Mittellinie voll überschreitet, der wird zum Sieger erklärt. Ist einer der Hunde so erschöpft, daß er den anderen nicht mehr packen, aber dennoch die Mittellinie überqueren kann, so muß der Hund, der an der Reihe ist, den ganzen Weg zurücklegen, ohne anzuhalten. Um fair die Mittellinie überquert zu haben, müssen alle vier Füße jenseits der Mittellinie sein.

4. Keiner der Sekundanten darf einen Hund berühren oder einem Hund oder dem anderen Sekundanten gegenüber in der Pit unfair sein. Tut er dies, so ist sein Hund vom Schiedsrichter zu disqualifizieren. Als »foul« ist zu werten, wenn der Sekundant den Hund über die Pit wirft oder auf den Kopf des Hundes tritt oder daneben aufstampft. Hat der Sekundant versehentlich seinen Hund aufgenommen, so muß er ihn sofort wieder heruntersetzen, damit der Kampf fair ausgetragen wird. Geschah das zu frühe Aufnehmen absichtlich, so ist dies vom Schiedsrichter als »foul« zu werten.

5. Um eine faire Trennung oder das richtige Aufnehmen der Hunde zu gewährleisten, müssen beide Hunde völlig frei voneinander sein, sowohl mit den Köpfen als auch an allen vier Füßen. Der Sekundant jedes Hundes hat genauestens zu beobachten, um seinen Hund erst dann aufzunehmen, wenn er wie zuvor beschrieben vom anderen Hunde sich weg bewegt. Wenn während des Aufnehmens der andere Hund wieder zupackt, muß der Sekundant seinen Hund wieder heruntersetzen und fair den weiteren Kampfablauf abwarten bis zum richtigen Aufnehmen. Gerade diese Regel ist genauestens zu beachten. Ergeben sich hier irgendwelche Meinungsverschiedenheiten, so sind die Unparteiischen und der Schiedsrichter anzurufen. Die Entscheidung des Schiedsrichters, sei sie richtig oder falsch, ist für alle diese Fälle bindend. Nur sehr erfahrene Schiedsrichter sollten solche undankbaren Aufgaben annehmen und nur unter Zustimmung beider Parteien vor dem Kampf. Nach dem Aufheben der Hunde durch die Sekundanten gehen diese in ihre Ecken und waschen und spülen den Fang ihrer Hunde. Hierfür ist eine Minute zulässig; der Zeitnehmer muß nach fünfundvierzig Sekunden laut ausrufen »Alle aus der Pit!«, nach fünfzig Sekunden »fertigmachen!«, beide Hunde sind so zu halten, daß sie in ihren Ecken gerade mit dem Kopf über den Strich hinausragen. Nach sechzig Sekunden erschallt der Ruf »Loslassen!« und der Zeitnehmer wendet sich an den jeweiligen Hundebesitzer mit Nennung des Namens des Hundes und des Besitzers »Es ist ihre Runde, anzufangen!«.

6. Jeder Partei ist es erlaubt, einen Freund unter Zustimmung beider Parteien als stillen Beobachter in jeder Ecke aufzustellen. Dieser muß in respektvoller Entfernung von Hund, Wassergefäß usw. bleiben. Besteht der Verdacht auf irgend eine Unfairneß, gleich auf welcher Seite, so liegt die Entscheidung beim Schiedsrichter.

Spätere Wettkampfregeln (rules) regeln dann noch, wann die Geldeinsätze der Hundebesitzer einzuzahlen sind, wer das Geld zu verwalten hat, die Voraussetzungen der Auszahlung, was zu geschehen hat, wenn etwa der vereinbarte Kampftermin durch Eingreifen der Polizei verschoben werden muß u. ä. Wir sehen, diese Kämpfe sind aufgrund der hohen eingesetzten Geldbeträge auf das Genaueste organisiert, nichts wird nach Möglichkeit dem Zufall überlassen.

Übersetzt man obige Regeln in unsere Alltagssprache, so können wir festhalten, daß

Dog Fight, Henry Alken, London 1824 Sammlung: Dr. Fleig

grundsätzlich nur Hunde gleichen Gewichts gegeneinander antraten; man war der festen Auffassung, daß bei hart austrainierten Hunden Gewichtsdifferenzen dem schwereren Hund entscheidende Vorteile brachten. Bei diesen Kämpfen wurden durchaus auch Rüden gegen Hündinnen zum Kampfe geführt. Hierzu schreibt Fitz Barnard: »Viele Leute glauben, ein Rüde werde nicht gegen eine Hündin kämpfen. Sie haben keine Ahnung! Ein Kampfhund kämpft ebenso schnell gegen eine Hündin wie gegen irgend etwas anderes. Dieser Kampftrieb ist so stark entwickelt, daß man sehr vorsichtig sein muß, wenn man diese Hunde züchtet. Sie sind unentschlossen zwischen Liebe und Kampf mit ganz entschiedener Ausrichtung auf den Kampf«.

Die wohl berühmteste Dog-Pit war die uns schon bekannte Westminster-Pit. Hier kamen in der Hauptstadt Zuschauer aus allen Teilen des Landes zusammen. An einem Abend wurden meist mehrere Kämpfe ausgetragen. Zeitberichterstatter erzählen von einer einmaligen Atmosphäre. Hunde, am Ringrand von ihren Besitzern festgehalten, brüllend vor Wut, daß sie noch nicht ihren Auftritt hatten, oder in noch unheimlicherer Stille einander anstarrend, mit der Zunge ihre Lippen leckend. Ein Blick auf Rowlandson's »A Dog Fight« gibt uns Einblick in die Atmosphäre eines großen Kampftages, wobei dieser Stich nicht nur die Leidenschaften der Hunde, sondern insbesondere auch den Fanatismus der Menschen enthüllt. Eine einmalige Darstellung!

Ein solcher Kampf konnte in wenigen Minuten ausgetragen sein, viele dauerten Stunden. Als Durchschnittszeit wird von etwa zwei Stunden berichtet, aber es liegen auch Kampfbe-

Joung Storm and Old Storm: Bull and Terrier Sporting Magazin, 30. 10. 1824, London

Sammlung: Dr. Fleig

richte über vier und fünf Stunden vor. Wir können uns leicht vorstellen, daß solche physischen Anstrengungen der Hunde nicht nur eine besonders zähe und ausdauernde Rasse erforderten, sondern auch eine gezielte Schulung. Dies werden wir noch im einzelnen darstellen.

Berühmte Kampfhunde waren für ihre Besitzer sehr wertvoll. Einer der bekanntesten Hunde war Belcher, Gewinner von einhundertundvier Hundekämpfen. Er stand im Besitze wohlbekannter Preiskämpfer jener Tage. Schon beim Besitzerwechsel unter den Professionals jener Jahre bezahlte ein Mr. Mellish für Belcher zwanzig Guineas, ein Vermögen im Anfang des 19. Jahrhunderts. Mellish gab diesen Hund nach einer Reihe weiterer großer Siege an Lord Camelford und erhielt von diesem für den Hund das Lieblingsgewehr des Lords und ein paar kostbare Pistolen.

Zwei andere berühmte Hunde, Young Storm und Old Storm, jeder etwa mit einem Gewicht von 32 kg, waren bei allen ihren Kämpfen erfolgreich. Sie stammten aus dem berühmten Paddington Strain und sind als erste Bull and Terriers von weitgehend gleichem Typ anzusehen. Eine Abbildung aus dem Sporting Magazine des Jahres 1824 zeigt uns diese Hunde.

Von Old Storm wird berichtet, daß bei zwei seiner Kämpfe der Gegner tot in der Pit liegenblieb. Young Storm hatte schon im Alter von zwei Jahren vier Hundekämpfe mit einer Dauer von jeweils mehr als einer Stunde siegreich beendet.

1819 wird durch ein Plakat ein Kampf in der Westminster-Pit angekündigt mit einem Einsatz von hundert Guineas. Der eine Hund war »die berühmte weiße Hündin aus Paddington«, deren wundervolle Vorstellungen so bekannt seien, daß hierzu nichts weiter gesagt werden brauche. Ihr Gegner war ein gestromter Rüde aus Cambridge, »ein bemerkenswerter und weitbekannter Favorit, der schon recht intensiven Überprüfungen unterzogen worden ist«. Einsatz einhundert Guineas! Kampfgewicht je zwanzig Kilogramm.

Hundekämpfe waren in diesen Jahren in England so populär, daß, wenn man den Namen eines berühmten Kampfhundes nicht kannte, man damit bewies, daß man eben in »sportlichen Dingen« nicht auf dem Laufenden war. Jesse berichtet, daß ein Mann, der durch Wednesbury ritt, am Zolltor anhielt. Da begannen die Kirchenglocken zu läuten und er frug nach dem Grund für das Geläute. »Old Sal ist niedergekommen!« war die Antwort. Dadurch nicht schlauer geworden fragte der Reiter, wer wohl Old Sal sei. »Old Sal!, Old Sal!« kam die Antwort als spräche man mit einem Tauben, – »Wißt ihr wirklich nicht, wer Old Sal ist?!«. – Dann erklärte der Zöllner, daß Old Sal zwar eine etwas ältere, aber sehr berühmte Bull-Hündin sei und daß sie gerade ihren ersten Welpen geboren habe. Und diese frohe Nachricht trugen die Kirchenglocken ins Land.

Wir können uns vorstellen, daß diese Hunde für ihre Besitzer einen außerordentlich hohen Wert darstellten. Die Kampfhundebesitzer liebten ihre Hunde, waren zumindest außerordentlich stolz auf sie. Die versprechendsten Welpen eines Wurfes wurden sicher meist mehr umsorgt und umhegt als die eigenen Kinder. Allerdings war dies stets eine sehr zwiespältige Liebe, sie war rein zweckbedingt und sicher stark angereichert von persönlicher Eitelkeit und Profitgier. Die Liebe zum Tier schwand, wenn es darum ging, es auf seine Aufgaben vorzubereiten. So wird berichtet, daß die zunächst umhätschelten Welpen, etwas mehr herangewachsen, in abgedunkelte Räume gebracht wurden, abgeschieden von allen anderen Menschen und Tieren. Nur Kontakte zum eigenen Herrn, nicht aber zu ihren Geschwistern oder anderen Artgenossen waren erlaubt. Sie durften auch keinesfalls von Fremden angefaßt werden.

Alles war auf die Aufgabe in der Pit ausgerichtet. Ehe wir uns dem wichtigen Training der Hunde für den Kampf zuwenden, noch die Einblendung eines großen Kampfes. Dabei ging es um den besten Kampfhund Amerikas, er wurde gesucht durch ein großes Zeitungsinserat. Louis Kreiger, Besitzer des weißen Importrüden Crib, aus der Stadt Louisville, inserierte in der Police Gazette einen Kampf seines Hundes mit einem Einsatz von je 1000 $ durch die beiden Hundebesitzer. Dieses Angebot wurde von Charles Lloyd (Cocknay Charley) aus New York für seinen gestromten Rüden Pilot, gleichfalls ein Importhund, angenommen. Kampfgewicht für beide Hunde 28 pounds, Kampf am 19. Oktober 1881 in Louisville auf Garr's Farm. Zweihundert Zuschauer kamen bei einem Eintrittsgeld von einem Dollar in die große Scheune, in der die Pit eingerichtet war. Der alte Cockney Charley marschierte durch die Menschenmenge und bot an »25 $ auf Pilot!«, »50 $ auf Pilot!«, »100 $ auf Pilot!« – 3000 $ Wettgelder wurden eingesetzt, dazu die 2000 $ der beiden Hundebesitzer. Wenn man den Wert dieser Gelder im Jahr 1881 sich vorstellt, so begreift man, welche Chancen und Risiken in den Dogfights steckten. Nicht umsonst wurde der Pit-Bullterrier die »Million-Dollar-Breed« genannt.

Nachdem die Hunde säuberlich gewaschen und getastet (abgeleckt), dann trocken gerieben waren, erschienen sie im Ring. Wir übersetzen aus dem Originalbericht:

»Hughes, Chef der Louisviller Feuerwehr, kündigte an, daß auf Wunsch des Schiedsrichters beide Hundeführer durchsucht werden sollten. Die Hundeführer untersuchten gegenseitig ihre Kleidung, um sich zu überzeugen, daß hierin nichts verborgen war, das dem eigenen Hund schaden könnte. Als diese Prüfung beendet war, erging um 9.20 Uhr das Kommando, die Hunde loszulassen. Ihre Decken und Beißkörbe wurden schnell weggeschafft und den Hunden die Freiheit gegeben.

Beide grollten tief und mit einem wilden Satz stürzte Crib in Pilots Ecke und griff seinen Gegner an. Er packte Pilot an der Nase, aber der gestromte Rüde schüttelte ihn ab und faßte ihn am rechten Lauf. Dann lockerte Pilot seinen Griff um Cribs Lauf, um einen besseren Griff an seiner Kehle anzusetzen. Crib gelang es, sich selbst zu befreien, und packte Pilot erneut bei der Nase, ließ plötzlich wieder los und faßte Pilot an Hinterkopf und Ohr und warf ihn zu Boden. Am Boden liegend faßte Pilot von unten Crib an der Brust und setzte einen fürchterlichen Biß an. Da er aber sich hier nicht richtig verbeißen konnte, ließ er erneut los und packte Crib am linken Ohr. Dann wiederum ließ Pilot seinen Ohrgriff los und bekam Cribs linken Vorderlauf zwischen seine Molare. Er schloß seinen Kiefer immer mehr und die Knochen von Cribs Lauf knirrschten. Dieser schreckliche Schmerz schien den Louisviller Hund nur noch mehr in Wut zu versetzen und mit einer riesigen Anstrengung warf er mit seinem Ohrgriff Pilot fünfmal hintereinander zu Boden. Nun faßte Crib wiederum Pilot an der Nase, die demnach wohl sein Hauptangriffsziel war, und er warf nochmals den Hund aus New York zu Boden. Dann ließ er blitzartig Pilots Nase los und begann Pilots Vorderlauf zu kauen.

Bei dem Kampfstil, den Crib jetzt zeigte, erschien er den Leuten aus Louisville als der sichere Sieger des Kampfes. Aber jetzt war Pilot an der Reihe, voll zu kämpfen und die Art, wie er Cribs linken Lauf zerkaute, war schrecklich anzusehen. Crib riß sich mit einem wilden Knurren los, nur um gleich wieder auf dieselbe Art gefaßt zu werden. Mit einem erneuten Versuch gewann Crib wieder seine Freiheit und volle weitere fünf Minuten kämpften die Hunde mit verschiedenen Ohrgriffen bis schließlich Pilot Crib unter sich zwang und – ihn am Ohr haltend – seinen Kopf immer wieder gegen den Boden der Pit stieß.

Crib sicherte sich nun einen Kehlgriff an Pilots Hals, und – obwohl nur auf drei Läufen kämpfend – gelang es ihm, seinen Gegner zu Boden zu werfen. Dies wiederum war für Pilot neuer Ansporn, er warf Crib mit einem Kehlgriff um und packte dann seinen Hinterlauf. Crib erwiderte mit einem Griff nach Pilots Lauf. In diesem Augenblick wurde eine neue eintausend Dollar Wette auf den Sieg von Crib angeboten. Diese wurde sofort durch Cockney Charley, dem Eigentümer von Pilot, angenommen.

Der Kampf dauerte jetzt 42 Minuten. Crib gelang es nun, unter seinem Gegner weg zu kommen, aber des armen Kämpfers Tapferkeit war verflogen. Er wandte sich nach der Seite der Pit und war dabei hinauszulaufen, als er von dem gestromten Rüden erneut gepackt und in den Mittelpunkt des Kampffeldes zurückgeschleppt wurde. Crib war in diesem Augenblick ein geschlagener Hund, aber Pilot war mit dem erreichten Sieg noch nicht zufrieden, sondern wild entschlossen, seinen Gegner zu töten, da ihm die Gelegenheit gegeben schien.

Crib drehte erneut ab auf die Seite der Pit und dieses Mal gelang es ihm, herauszukommen, Pilot jedoch hinter ihm nach. Jetzt packte er den ›Louisviller Schoßhund‹ am Unterkiefer und verbiß sich fest darin, weigerte sich, nochmals loszulassen und erzwang dadurch, daß die Hunde zusammen hochgehoben und erneut in die Pit gebracht wurden. Pilot schleuderte Crib in die Ecke mit einem Ohrgriff und hielt ihn dort fest. Kreiger wedelte Crib mit seinem Hut kräftig Luft zu, aber es half dem Hund nichts, der jetzt schnell Kräfte verlor. Von diesem Augenblick an tat Pilot nichts anderes als zu versuchen, das bißchen Leben, das in Crib noch steckte, herauszuschütteln.

Der Kampf dauerte genau eine Stunde und 25 Minuten. Mit Ausnahme verschiedener schwerer Bißwunden an Kopf und Schulter war Pilot nur geringfügig verletzt.«

Wie kam man nun zum idealen Kampfhund? Es begann schon bei der Zucht der Welpen. Zur Zucht eingesetzt wurden die Sieger der großen Kämpfe, das Blut mußte rein sein, nicht nur die beiden Elterntiere, sondern auch wieder deren Vorfahren sollten erfolgreich das Fegefeuer der Pit überstanden haben. Wir haben hier eine bedingungslose züchterische Auslese, – rein auf Leistung über eine Vielzahl von Hundegenerationen. In dieser Auswahl über weit mehr als ein Jahrhundert liegt das Geheimnis aller unserer Kampfhunderassen. Systematisch wurde diesen Hunden die soziale Grundordnung der Hundemeute hinweg gezüchtet. Der Kampfhund akzeptiert keine Demutsgeste, er hat keine Beißhemmung gegen die Hündin, gegen den sich unterwerfenden Gegner. Es darf auch nicht verkannt werden, daß diese Wesensveränderung des Rudeltieres Hund Gefahren mit sich bringt. So wird mit Recht davor gewarnt, den in Wut geratenen Kampfhund anzufassen oder sich ihm unvorsichtig in den Weg zu stellen. Ist das Tier jenseits seiner Reizschwelle in voller Aktion, so sucht es den Kampf. Es könnte hier durchaus auch einmal – allerdings nur in Extremfällen – zur Abreaktion gegenüber dem eigenen Menschen kommen. Dieser Gefahr muß sich der Besitzer eines Nachkommen dieser alten Kampfhunde stets bewußt sein.

Analoge Probleme finden wir in der Zucht, im Verhalten der Mutterhündin gegenüber den Welpen. Nicht umsonst überwachen erfahrene Züchter Mutter und Welpen innerhalb der ersten Wochen nach der Geburt unablässig, – auch hier können bei dem Muttertier Instinkte aus dem Kampfhundeerbe frei werden, welche dem natürlichen Mutterinstinkt zuwiderlaufen.

Schon die Welpen der Kampfhunderassen zeigen deutliche Unterschiede zu dem Verhalten anderer Hundewelpen. Sie kämpfen im Nest ganz anders als die Welpen anderer Hunderassen. Ich habe selbst schon einem Bullterrierwelpen, 6 Wochen alt, das Leben gerettet, dem seine Wurfschwester gerade die Pulsader durchgebissen hatte. Sind die kleinen Kerle ineinander verbissen, so kann man mit einem Welpen eine Traube von fünf weiteren Welpen aus dem Nest heben. Einer hängt fest verbissen im Fell des anderen. Die Traube löst sich stückweise, indem man einem Welpen nach dem anderen die Luft abstellt. Dieses Kampfhundeerbe ist auch heute noch in den Würfen der Kampfhunderassen unverkennbar. Zwei Welpen, etwa drei Monate alt, können ohne Eingriff des Menschen schon etwa zwanzig Minuten ohne Unterbrechung gegeneinander kämpfen. Der Kampf ist nach guter Kampfhundeart ganz ohne Lärm, so daß der Züchter die Welpen am besten frühzeitig trennt, um unangenehme Überraschungen zu vermeiden. Lärm im Hundekampf entsteht nur bei den Kampfhunderassen mit stärkerer Terriereinkreuzung, der Bulldog kämpft »mit der Stille des Grabes«. Man sagt den etwa vier Monate alten Kampfhunden nach, daß sie in diesem Alter schon Katzen töten könnten.

Hundekämpfe der beschriebenen Dauer, Wildheit und Intensität erforderten sorgfältiges vorheriges Training des Kampfhundes. Es gab dabei eine Vielfalt von Methoden. Das genaue Trainingsprogramm war striktes Geheimnis des einzelnen Trainers. Über dieses Kampfhundetraining liegen uns eine ganze Reihe von Berichten vor mit unterschiedlichen Trainingsprogrammen. Diese einzelnen Trainingsmethoden wollen wir zumindest kurz darstellen.

So wurde der Jährling beispielsweise im Brustgeschirr oder am Halsband an einer Wand angekettet. Innerhalb von Kette oder Seil wurde ein Mittelstück aus Gummi angebracht, wodurch eine gewisse Elastizität erreicht wurde. Nun stellte man außerhalb der Reichweite des Hundes eine Ratte in der Falle auf oder zeigte ihm eine Katze. Der Hund sprang immer wieder auf diese Beute zu, konnte sie aber nicht ganz erreichen, denn das Gummi riß ihn zurück. Experten empfahlen, diese Übung von anfänglich fünf Minuten bis zu einer Stunde zu steigern.

Der »goldene Rat eines Sportsmannes« hierzu lautete, man solle den Kampfhund mit einem Hundebastard anreizen. Solche seien ja billig überall zu beschaffen. Wichtig sei es, daß der Hund am Ende der Übung wirklich auch »den Köter zu fressen kriege und ihn töten dürfte«. Um die ganze Sache noch wirkungsvoller zu gestalten, riet unser Experte, nach einigen Tagen der Übung zwischen den Kampfhund und den Bastard noch ein großes Feuer zu legen, so daß der Kampfhund stets auf diese Art auch noch gegen die Hitze des Feuers ankämpfen mußte. Auf diese Art könne man selbst in einer Bauernschenke einen Kampfhund innerhalb weniger Wochen so fit machen, daß man ruhig 50 $ auf ihn setzen könne. Wichtig sei dabei aber auch, daß man den Kampfhund außerhalb der täglichen Übungen stets in einem völlig abgeschlossenen dunklen Raum halte und ihn nur mit rohem Fleisch und Blut füttere. Innerhalb von etwa zwei Wochen würden diese Hunde in den dunklen Räumen gerade richtig. Gewöhnlich kämen sie schon so am elften Tag heraus wie die Tiger.

Auch andere Rezepte für die Körperertüchtigung unserer Kampfhunde sind in den einschlägigen Büchern zu finden. Besonders empfohlen wird das Springseil. Dies wird an der Decke durch einen Ring gezogen. An dem für den Hund bestimmten Seilende wird nun ein Sack befestigt, in den Sack eine Katze gesteckt, wobei die Pfoten der Katze unten am Sack durch vier Öffnungen herausragen. Die Katze versucht, den Bissen des hochspringenden Hundes zu entkommen und bringt dadurch den Sack in Schwingungen. Der Hund spürt die Katzenkrallen und tut alles, um das Bündel im Sprunge zu erreichen. Am Schlusse der Übung »erhält er die Katze als Belohnung«. Es ist unschwer sich auszumalen, daß auf diese Art man den Kampfhund bald daran gewöhnen kann, in jedes an dem Springseil hängende Bündel sich zu verbeißen. Der Hund wird dann am Seil hin und her geschwungen und damit die Kraft des Kiefers und die Muskulatur von Hals und Rücken gestärkt.

Noch ein weiteres Folterinstrument hatten die Hundetrainer zur Hand, die Tretmühle, etwa vergleichbar mit dem Klöppel alter Wasserbrunnen, wo Esel oder Stier pausenlos im Kreise liefen, um Wasser heraufzupumpen. In einer solchen Tretmühle wurde der Hund täglich mehrfach trainiert, anfangs fünf Minuten Lauf bis zu einer Stunde ohne Pause. Wir fanden eine Karikatur einer solchen Tretmühlenarbeit bei Jack Meeks »Memoirs of the Pit«, die nicht nur das System zeigt, sondern auch die hierbei immer wieder vorkommenden Übertreibungen karikiert. Hauptziel der Arbeit in der Mühle war nicht das Erreichen des vereinbarten Kampfgewichtes, vielmehr die Stärkung von Lunge und Herz. Eine weitere Illustration entnehmen wir dem Bericht des Magazins »Geo« über Training in den USA, Ausgabe August 1979.

Für das Kampfgewicht entscheidend waren täglich ausgiebige Spaziergänge, der Hund angekettet neben dem Trainer. Diese wurden bis auf neun Meilen, also etwa 15 km, ausgedehnt, möglichst auf harter Straße, um auch die Pfoten zu festigen. Hinzu kam eine gezielte Diät, meist wieder Geheimrezept der einzelnen

Trainer. Dabei wurde möglichst fettarmes, muskelbildendes, konzentriertes Futter gereicht, in erster Linie rohes oder gekochtes, fettarmes Rindfleisch mit Brotkrumen vermischt, teilweise auch rohe Eier.

Es bedurfte nach allgemeiner Auffassung stets einer Vorbereitungszeit des Hundes von vier Wochen zwischen dem Abschluß des Kampfvertrages und dem Kampftermin. In dieser Zeit mußte der Hund durch eine Kombination fachgerechter Fütterung, ausgiebiger Bewegung und gezieltem »Body-Building« auf sein Kampfgewicht und in die richtige Kondition gebracht werden, um auch einen über 4 bis 5 Stunden dauernden Kampf konditionell durchzustehen. Dafür erscheint die zuletzt dargestellte Kombination von Springseil, Tretmühle, Spaziergängen und sachgerechter Fütterung optimal, zumal zwar auch hier der Hund durchgearbeitet wird, man jedoch auf die sinnlos erscheinende Dunkelhaft verzichtet.

Interessant ist in diesem Zusammenhang sicher noch der Hinweis aller Fachleute auf die Notwendigkeit, nach jeder Übung den Hund kräftig abzureiben und mit der Hand durchzumassieren. Dabei werden Massagezeiten von etwa einer halben Stunde nach jedem Erhitzen des Hundes vorgeschlagen, und es wird darauf hingewiesen, daß der Hund nach allen Übungen in zugfreiem Stalle auf warmem Stroh gebettet werden muß. Die intensive Massage war wesentlicher Bestandteil des »Body-Buildings«.

Es ist glaubhaft, wenn Experten versichern, daß richtiges Training des Kampfhundes für die Pit schwieriger war als die Vorbereitung eines Rennpferdes für ein wichtiges Rennen. Erfreulich für die Hunde war sicher, daß eine solche intensive Vorbereitung stets einen recht engen Kontakt mit dem Trainer erforderlich machte. Hund und Trainer wurden in der Vorbereitungszeit zu einer Gemeinschaft, wodurch der Trainer dann am Kampftag auch die Möglichkeit gewann, seinen Hund mit Anfeuerungen im Kampfe zu unterstützen.

Die »Million-Dollar-Breed« lockte natürlich eine Unzahl geldgieriger, zwielichtiger Existenzen an. Es bedurfte zahlreicher Vorkehrungen, um Betrug und menschliche Gemeinheit bei diesem »Sport« einzudämmen. So finden wir in der Literatur auch immer wieder Hinweise, was alles getan werden müsse, um den eigenen Hund zu schützen. Jeder Trainer mußte nicht nur den eigenen Hund vor feindlichen Einflüssen bewahren, sondern auch durch Beobachter in der gegnerischen Ringecke sich davon vergewissern, daß dort nichts Unrechtes geschah. Durch das Ablecken der Hunde vor dem Kampf, entweder durch offizielle Taster des Kampfgerichtes gegen entsprechende hohe Gebühr, oder – durch die Hundetrainer gegenseitig selbst, sollte verhindert werden, daß im Hundefell Gift verborgen wurde. Man mußte aber auch recht genau aufpassen, daß nicht etwa beim Waschen des Hundes der Gegner auf einmal aus der Hand verborgen dem Hund eine giftige Injektion gab, welche nach etwa einer halben Stunde erst wirkte. Weiterhin konnte hierbei dem Hund etwas ins Maul oder in die Ohren geschüttet werden. In den Fang langsam wirkendes Gift, Strychnin z. B., oder in das Ohr des Hundes etwas Vogelschrot, das waren Mittel, denen auch geübte Kampfhunde nicht standhielten.

Besonders beliebt war auch nach dem Waschen die Bearbeitung des eigenen Hundes an den bißgefährdeten Stellen mit einer Mischung von Cayenne-Pfeffer und Aloe, die bitterste und im Mund brennendste Mischung, die überhaupt möglich ist. Kein Hund konnte in so vorbehandelte Körperstellen beißen. Vogelschrot in den Ohren, nur wenige Körner, machen den betreffenden Hund nahezu verrückt vor Schmerzen. Sicher gab es noch eine Vielzahl weiterer Teufeleien, die den Kampfausgang irregulär machten, zum Nutzen des Betrügers.

Auch während des Kampfes gab es Manöver, mit denen der trickgeübte Sekundant den Neuling anführte. War der gegnerische Hund der, welcher als erster die Mittellinie zu überschreiten hatte, so wurde der eigene Hund bis kurz vor dem Angriff zwischen den Beinen mit dem Kopf zum Gegner gehalten. Man trug bei einem eigenen weißen Hund stets weiße, bei dunklem Hund dunkle Kleider. Kam der Neuling über die Mittellinie, so erschien ihm sein Gegner riesengroß. Blieb er stutzend stehen, so konnte der täuschende Sekundant seinen Hund hochheben (pick up) und den Sieg für seinen Hund beanspruchen. Der Gegner hatte nicht unverzüglich angegriffen. Auch das System des Hochhebens bei Kampfpausen kam meist dem geübten Sekundanten zu gut, zu Lasten des Anfängers.

Welche Möglichkeiten auch in gewollten und ungewollten Fehlurteilen der Schiedsrichter liegen, dies wird herausragend illustriert durch einen stilechten Wettkampf. E. S. Montgomery entnahm einer amerikanischen Zeitschrift die Schilderung eines Hundekampfes aus dem Jahre 1800 in New York City, den ich meinen Lesern nicht vorenthalten möchte:

»Paddy aus New York und Trix aus Philadelphia trugen am gestrigen Tag einen Kampf auf Leben und Tod aus. Der Kampf fand in der östlichen Stadthalle statt. Paddy und Trix gehören der Rasse der Bullterrier an. Die Verträge für diesen Kampf, welche die Besitzer mit ihren Hunden verpflichteten, waren schon Wochen zuvor abgeschlossen worden. Eine der Bedingungen dieses Kampfes war, daß von jeder Partei nicht mehr als je ein halbes Dutzend Zuschauer zu der Veranstaltung Eintritt erhalten sollten. Diese Vereinbarung konnte jedoch nicht eingehalten werden, da eine mittelgroße Menschenansammlung sich bereits in dem ohnedies etwas baufälligen Gebäude eingefunden hatte, ehe der Kampf beginnen konnte. Die Mehrzahl der Besucher waren alte Männer. Eine Reihe von ihnen hatte persönlich ziemlich alle großen Hundezweikämpfe innerhalb des letzten halben Jahrhunderts miterlebt. Für sie ist dies das allergrößte Vergnügen auf der ganzen Welt, und ihre Begeisterung bei dem gestrigen Kampfe nahm stellenweise recht ungezügelte Ausmaße an. Vor allem in den spannendsten Augenblicken des Kampfes erweckten sie den Eindruck, daß sie kaum davon abzuhalten waren, selbst in die Kampfarena hinabzuspringen und die blutbedeckten Köter zu umarmen. Dagegen waren nur wenige junge Männer zugegen. Die Wetten standen für beide Seiten auf je 300 $. Die Hunde wogen, wie vertraglich festgelegt, jeweils 28 Pfund. Eine Hundearena ist nie ein besonders ruhiger Ort während eines richtigen Hundekampfes und dieser Kampf, von dem wir berichten, brachte keine Ausnahme von dieser Regel.

Paddy ist ein weißgelber Bullterrier, etwa vier Jahre alt, weit und breit bekannt bei allen, die Freude an Hundekämpfen haben. Er kann auf zahlreiche Kämpfe und Siege zurückblicken.

Trix ist, – oder besser war – ›einer der kommenden Weltsieger‹, zumindest meinten dies seine Besitzer in Philadelphia. Er ist gerade 24 Monate alt und rein weiß. Ein wirklich gut aussehendes Tier, aber seine Kämpferqualitäten können gegenüber denen seines älteren Gegners einem Vergleich nicht standhalten.

Das Waschen der Hunde und Ablecken erfolgte entsprechend den Regeln. Hundekämpfer trauen sich gegenseitig nie über den Weg, und so verlangte es die Regel, daß beide Hunde in demselben Zuber gewaschen und gereinigt werden, um damit zu verhindern, daß eine der Parteien gefährliche Drogen oder Gifte in das Waschwasser schüttet. Paddy und Trix wurden recht sorgfältig gewaschen, und dann mußten die Besitzer mit eigener Zunge jeweils den gegnerischen Hund ablecken. Als sie festgestellt hatten, daß kein Gift im Hundefell war, wurde der Ring geräumt. Die Stimmung unter der Zuschauermenge stieg an und der Ruf

›Fertigmachen!‹ erklang. Darauf kam das Kommando: ›los‹ und die kampfgierigen Köter wurden aus ihren Ecken losgelassen, sprangen blitzschnell gegeneinander und versuchten, ihre tödlichen Bisse beim Gegner anzubringen. Die Geschicklichkeit und Schläue von Paddy zeigte sich recht bald. Er bewies, daß er ein listiger, alter Hund ist. Wirklich, er stieß und biß seinen Gegner durch den Ring in einer so fürchterlichen Art, daß die ganze Zuschauerschaft vor Entzücken laut kreischte. Trix war weder untätig, noch ertrug er geduldig die Schmerzen der sich in sein Fleisch bohrenden Fangzähne von Paddy. Er kämpfte mutig dagegen an. Und er focht gut, aber Paddy fiel unter dem Beifallsgeschrei seiner Bewunderer immer schlimmer über ihn her. Bald lag Trix hingestreckt am Boden, sein hübsches Fell war besudelt mit Schmutz und von Blut überzogen.

Wie jetzt sein Führer auf ihn einredete! ›Trix, komm mein Junge, reiß ihm den Kopf ab!‹ – Wie der Sekundant von Paddy schrie: ›Paddy, zerfleische den Quäker!‹.

Der Kampf dauerte zwei Stunden. Trix wurde in bester Terrierart fertiggemacht, d. h. er wurde schrecklich zugerichtet, und es war völlig klar, daß er überhaupt keine Chancen hatte, den Kampf zu gewinnen. Er war fast tot, als die Hunde wieder einmal in ihre Ecke gebracht, mit dem Schwamm sorgfältig abgewaschen und dann wieder aufeinander losgelassen wurden. Es war Paddy's Angriff, und dieser Angriff war einer der besten, die jemals in einem Kampfring zu sehen waren. Da schrie zum äußersten Erstaunen aller Zuschauer der Schiedsrichter: ›Dies ist ein unfairer Angriff!‹ – Dann schaute er sich um als suche er Unterstützung und rief: ›Der Angriff war unfair! Hiermit erkläre ich diesen Kampf für unentschieden!‹

Fünfzig Zuschauer fingen an zu fluchen und beschimpften den Schiedsrichter mit allen Namen, die sie aus ihrer langjährigen Praxis mit Hundekämpfen kannten. ›Du bist ein feines, diebisches Ferkel!‹ – ›Du Philadelphia-Betrüger!‹, ›Gekaufter Schurke!‹, um nur einige von den Kosenamen zu nennen, die von den Lippen der enttäuschten Männer dem Schiedsrichter entgegengeschleudert wurden. Es hätte nur eines Funkens bedurft und sie hätten die Pistolen abgefeuert, mit denen sie herumfuchtelten, um jemanden damit ins Jenseits zu befördern. Der Schiedsrichter erblaßte ob des Aufruhrs, den er entwickelt hatte. Er fand aber einige, die ihn unterstützten. Schließlich erklärte er die Haupteinsätze und alle Wetten für aufgehoben und verließ den Ring bei guter Gesundheit, was vorsichtig ausgedrückt, recht erstaunlich war. Paddy hatte seinen Kampf fair gewonnen, und man hätte ihm das Geld zuerkennen sollen. Trix war so schwer verwundet, daß er den Kampf wohl nicht überlebte.

›Nun, wenn dies nicht das betrügerischste Manöver war, das ich je erlebt habe, dann soll man mir den Kopf abhacken!‹ – Dies war der Ausruf eines der enttäuschten Paddy-Anhängers als das ganze vorüber war«.

Und danach gleich noch ein Sprung in die Vereinigten Staaten von Amerika. Dem deutschen Magazin »Stern« entnehmen wir im Jahre 1974 folgende Schilderung: »Blut spritzt die Ringwand hoch, man hört Knochen zersplittern. Red Lady, gerade noch an der Kehle von Hungry Tiger, unterliegt plötzlich. Ihre Flanken zucken wild, Hungry Tiger hat sich in ihrem rechten Vorderlauf festgebissen. Es ist die 76. Minute des Kampfes. Die Sportfans, die am Ring stehen, kommen langsam in Stimmung. Dosenbier für die Männer, Likör für die Frauen, und die Kinder haben auch ohne Alkohol ihren Spaß.

Red Lady, 39 Pfund schwer, 6 Jahre alt, war eigentlich der Favorit gewesen. Siegreiche Veteranin aus 14 Hundekämpfen. Sechs Gegner hat sie totgebissen, fünf starben nach dem Kampf an ihren Wunden, drei überlebten. Ihr Sieg über

Hungry Tiger hätte ihrem Herrn über 1000 $ Wettgeld gebracht. Der rutscht nun auf seinen Knien über den blutverschmierten Ringboden und feuert seine Lady, die nicht mehr kann, mit Bitten und Flüchen an. ›Come on, my Baby, bitte, bitte!‹ und gleich hinterher ›Faß zu, du verdammter Bastard, faß zu!‹.

Die Menge johlt, ineinander verkeilt wälzen sich die Hunde durch den vier Meter großen Ring. Sie zerfleischen sich. Neues Dosenbier wird gereicht.

Dann gibt Red Lady auf. Mit eingezogenem Schwanz, den Bauch fast aufgerissen, humpelt sie auf gebrochenen Vorderläufen in die Ringecke und versucht, durch einen Sprung über die kniehohen Bretter Hungry Tiger zu entkommen. Sie schafft den Sprung nicht mehr und bleibt mit ihrem Bauch auf der Brettkante hängen. Der Kampf wird unterbrochen, die Hunde werden in ihre Ecken genommen.

Gelingt es dem Besitzer von Red Lady nicht, das halbtote Tier innerhalb der nächsten Minuten erneut zum Kampf anzustacheln, ist die Partie entschieden und das Geld verloren.

Hungry Tiger ist kaum zurückzuhalten. Auf ein Zeichen des Ringrichters werden die Hunde wieder aufeinander losgelassen. Tiger stürzt sich blutrünstig auf die Lady, die sich ihm mit letzter Kraftanstrengung entgegenwirft. Nach drei Minuten ist es aus mit Red Lady. Sie verblutet im Ring.

Jemand schlägt einen Fleischerhaken in den Kadaver und wirft ihn in eine Blechtonne, die zehn Schritte hinter den Reihen der Zuschauer steht. Hungry Tiger – 40 Pfund Kampfgewicht, 4 Jahre alt – ist der neue Star. Kinder umringen ihn und sehen zu, wie er sich die gräßlichen Wunden leckt. Die Älteren meinen anerkennend, daß man künftig auf ihn wetten können wird. Dann wird eine neue Kampfpaarung angesagt«. Mit freundlicher Genehmigung des Stern-Magazins GEO bringen wir eine Reihe von Bildern aus der Ausgabe 8/79, die mehr als alle Worte illustrieren, wie Hundekämpfe vor einer fanatisierten und in Wettleidenschaft fiebernden Menschenmenge sich abspielen. Ein abstoßendes, erschreckendes Bild! Diese Bilder sind aber eine Notwendigkeit, um allen, die insgeheim doch noch mit derartigen Entartungen sympathisieren, die blutige Wirklichkeit vor Augen zu führen! Hundebesitzer und Zuschauer, ein echtes Problem für den Psychiater!

»Dogfighting« ist nach amerikanischem Recht nur durch unterschiedliche Gesetze der Bundesstaaten bedroht. Erfolgreiche Hundekämpfer bringen es jährlich auf 25 000 $ und mehr. Die höchste bisher verhängte Strafe wird mit 875 $ beziffert. Eine klare Kalkulation!

Es liegen glaubhafte Berichte über Hundekämpfe aus zahlreichen »zivilisierten Ländern« vor. So sammelte zum Beispiel Jack Macks über einhundert detaillierte Kampfberichte in den Jahren zwischen 1887 bis 1939 in den USA, ergänzt durch zahlreiche Einzelberichte über berühmte Kampfhunde. So müssen wir wohl davon ausgehen, daß diese Seuche und Geisel der Kampfhunde zwar im Ursprungsland der Rassen nahezu erloschen ist, sich aber bis in die Gegenwart hinein immer noch Menschen an diesem blutigen Schauspiel ergötzen. Einer Fernsehsendung von BBC I entnahm ich am 23. 10. 80, daß der bekannte Stafford-Richter Ken Bailey den Reportern bestätigte, daß auch noch 1980 im Untergrund über ganz England verteilt geheime Hundekämpfe ausgetragen wurden.

Bereits bei der Diskussion von Bearbaiting und Bullbaiting sind wir der verniedlichenden Auffassung entgegengetreten, bei diesem »Sport« handle es sich nur um einen Test auf Tapferkeit (gamnes). In voller Würdigung des sozialen Hintergrunds ist dem entgegenzuhalten, daß die »Sportfreunde« solche Kämpfe nicht etwa deshalb veranstalten, um den kampfhungrigen Tieren Gelegenheit zu geben, ihre Kampfeslust auszutoben, Nein, diese Hunde wurden durch planmäßige Zucht erst geschaffen, ihres natürlichen Sozialverhaltens beraubt, um diese Kämpfe für die sensationslüsternen Menschen auszutragen. Nicht das Interesse der armen, sonst an der Kette liegenden Hunde, stand im Vordergrund, in gar keiner Weise, sondern einzig und allein Geltungssucht und Profitgier der Zweibeiner.

Uns haben diese Kämpfe die so interessanten Kampfhunderassen geschenkt. Es ist unsere Aufgabe, sie so zu halten und zu lenken, daß die in ihnen liegenden Instinkte nicht entarten, sondern dem Menschen und den Hunden zugute kommen. Darüber wird in Teil II dieses Buches noch einiges zu sagen sein. Bis dahin wollen wir auch bei den noch ausstehenden verschiedenen Kämpfen uns weiterer Kommentare enthalten.

6. Kampf mit dem Dachs

Es gibt kaum ein wehrhaftes Tier, an dem im alten England nicht die Tapferkeit der Hunde erprobt wurde. Der Dachs erwies sich schon immer als ein gefährlicher Gegner jedes Hundes, was lag näher, als auch ihn als echten Gegner der Kampfhunde in die Kampfarena zu schleppen? Der Dachs, ausgewachsen bis zu 15 kg schwer, verfügt über ein außerordentlich gefährliches Gebiß, das er in der Bedrohung rücksichtslos zu gebrauchen weiß.

Um nun die Wehrhaftigkeit des Dachses für die Erprobung der Hunde zu nutzen, wurden künstliche Dachsbauten angefertigt, gefangene Dachse eingesetzt und nun die Hunde gegen den Dachs gehetzt. In der Encyclopaedia of Rural Sports des Jahres 1840 beschreibt Blaine diesen »Sport« wie folgt: »Badger-Baiting wurde im Mittelalter im großen und ganzen ebenso ausgeübt wie heute... Der Dachs wurde in eine hohle Kiste eingesetzt, die seinem Baue nachgemacht war und von der aus dann eine Röhre nach oben führte. Der Eigentümer des Dachses setzt sein Tier in die Kiste, dann wird ein Zeitnehmer mit einer Uhr versehen, und der Dachsbesitzer gibt den Kampf für die Hunde frei. Wer seinen Hund gegen den Dachs erproben möchte, läßt ihn in die Röhre schlüpfen. Meist wird der Hund sofort vom Dachs gepackt, der Hund wiederum faßt den Dachs. Beide verbeißen sich ineinander und beide reißen und zerren aneinander mit allen ihren Kräften. Der Hund jedoch wird jetzt schnell von seinem Besitzer am Schwanz wieder herausgezogen, fest verbissen in den Dachs. Beide werden getrennt und der Dachs wieder in die Höhle zurückgelassen. Man schickt den Hund nach, um erneut den Dachs zu packen, und er wird wieder mit dem Dachs herausgezogen. Diese Szene wird von Anfang an immer wieder wiederholt. Je öfter der Hund innerhalb einer Minute es schafft, so den Dachs zu packen, daß man beide zusammen herausziehen kann, desto mehr entspricht er den Anforderungen und wird als ›game‹ angesehen«.

Aus anderen zeitgenössischen Berichten ersehen wir eine ganze Reihe von Varianten zu dieser Beschreibung des »Drawing the badger« – »Herausziehen des Dachses«. So wird u. a. berichtet, daß der Dachs vor dem Einsetzen in die Box in der Mitte des Schwanzes aufgespalten wird, um darin eine Kette zu befestigen. Hinter der Kiste wird dann ein Pfahl in den Boden gerammt und hieran die Kette befestigt. Diese Kette ist so lang, daß der Dachs sich frei verteidigen und auch herausgezogen werden, nicht jedoch entweichen kann. Oft werden mehrere Hunde nacheinander eingesetzt, und es zählt nicht die Anzahl der Aushübe innerhalb einer Minute, sondern die Einzelzeit jedes Hundes. Hierbei bleibt der Hundeführer während des gesamten Kampfes mit seinem Hund dadurch verbunden, daß er seinen Hund mit der linken Hand am Schwanz festhält, um möglichst schnell Hund und Dachs nach dem Ver-

A Match at the Badger: Henry Alken, London 1820

Sammlung: Dr. Fleig

beißen herausreißen zu können. Um das Auslassen zu beschleunigen, beißt der Hundebesitzer selbst seinen Hund in den Schwanz (eine Methode, die wohl bei den uns bekannten, in Wut nahezu schmerzunempfindlichen Kampfhunden wenig hilft).

Zur Illustration dieses »Sports« zeigen wir zwei Stiche von Henry Alken. »A Match at the Badger« zeigt Hundebesitzer, zwei Zeitnehmer und Dachsbesitzer zu Beginn des Kampfes. Die zweite Illustration gibt uns das Bild, nachdem der Dachs herausgezogen ist und der Hund durch Biß in den Schwanz zum Auslassen gebracht werden soll. Zu beachten bei beiden Stichen ist der Hundetyp, der von Alken dargestellt wird, klar ersichtlich der Bullterrier der zwanziger Jahre des 19. Jahrhunderts mit beachtlichem Terriereinschlag.

Beim Badger-Baiting ist klar zu sehen, daß hier von unseren Kampfhunden etwas verlangt wurde, was den sonstigen, uns bisher bekannten Aufgaben widerspricht. Bisher kennen wir den gnadenlosen Kampf bis zum bitteren Ende. Hier soll der Hund nun innerhalb einer Minute mehrfach den gefaßten Gegner auslassen, den Kampf abbrechen und sofort neu beginnen. Normalerweise, ohne die Verbindung zur Menschenhand, würde der Kampf in der Höhle voll ausgetragen. Ließe man den Hund allein, würde der Zuschauer nichts davon haben, das Kampfgeschehen bliebe unter der Erde verborgen.

Wir haben schon erwähnt, daß der Dachs außerordentlich hart beißt, kluge und erfahrene Kampfhunde gehen deshalb zuerst mit dem Kopf, nicht mit den Läufen in die Röhre, um mit dem Dachs Kopf gegen Kopf zu kämpfen und die eigenen Läufe nicht in Gefahr zu bringen. Solche Kämpfe unter der Erde sind den Jägern wohl bekannt, sie können in unseren Jagdrevieren Stunden dauern und durchaus auch mit dem Tode des tapferen Hundes enden.

Hackwood berichtet über einen besonderen Kampf in Preston im Jahre 1817. Hier wurde der Dachs in einem Tunnel gehalten. Das Lager war etwa 60 cm², nach oben aber nur mit einem Maschendraht abgedeckt, so daß die Zuschauer den Kampf unter der Erde voll beobachten konnten. Zum Lager des Dachses führte ein etwa 3 m langer Gang, gleichfalls von oben durch entsprechende Abdeckung einzusehen. Der Hund stürzte sich in den Tunnel und auf das Lager des Dachses. Es entspannt sich ein verzweifelt geführter Kampf von beiden Seiten. Dem Hund gelang es, den Dachs etwa bis zur halben Länge des Tunnels herauszuzerren, da gewann auf einmal der Dachs wieder Halt und zog nun seinerseits den Hund bis in die quadratische Box. Es entspannt sich ein Kampf von doppelter Wildheit. Schließlich fürchtete der Hundebesitzer um das Leben seines Hundes, man öffnete das Drahtnetz und konnte den Hund am Schwanz herausziehen. Hund und Dachs waren so gnadenlos ineinander verbissen, daß man beiden den Fang nur mit eisernen Hebeln aufbrechen konnte. Beide Tiere waren schrecklich zugerichtet.

»Drawing the Badger« wurde bald ein sehr beliebtes Beiprogramm in der Pit. Hier gab es neue Chancen, in Wetten Geld zu gewinnen und zu verlieren. »Drawing the Badger« wurde damit fester Bestandteil der Kämpfe in der Pit, ebenso wie Bear-Baiting, Dog-Fight und Rat-Killing. Swaint berichtet, daß insbesondere in

Drawing the Badger: Henry Alken, London 1820 Sammlung: Dr. Fleig

A Match at the Badger: »Why, Master George do you expect that little thing to draw the Badger?« (Ausschnitt) Henry Alken aus Serie Master George, London 1823

Foto: Lazi Perenyi – Sammlung: Dr. Fleig

Schottland dieser »Sport« auch außerhalb der Pit in den Kellern der Gaststätten ausgetragen wurde, als interessanter Anziehungspunkt für die Gäste. Innerhalb der königlichen Meile von Edinburgh seien Dachse in zahlreichen Etablissements zum Vergnügen der Gäste den Hunden ausgesetzt worden.

Ein Mr. Hugh Miller beschreibt eine solche Szene »in einer dieser Ekel erregenden Höhlen, wo das Gesindel von Edinburgh sich an den Torturen der Dachse ergötzte. Wir kamen durch eine sehr enge Passage in einen Raum mit niedrig hängender Decke. Dieser lag im Zentrum des Gebäudes, wo nie ein Funken des Tageslichtes hindurchdrang und war schwach erleuchtet... In der Mitte dieses seltsamen Raumes war eine Falltüre, die jetzt gerade offen lag. Eine schrille Kombination von verschiedenen Lauten drang aus den unteren Räumen herauf, wobei das helle Keifen eines Hundes und einige heißere Menschenstimmen zu unterscheiden waren, die den Hund wohl aufmuntern. Zu dieser Zeit war es in Schnapsbuden üblich, Dachse in engen Röhren im Keller zu halten. Arbeiter kauften sich Hunde, und an solchen Orten war es ein verbreiteter ›Sport‹, diese Hunde auszuprobieren, um die Dachse aus ihren Höhlen herausziehen zu lassen . . .

Eine Gruppe Maurer, begleitet von anderen ihrer Klasse, kam herein, von einem Hund begleitet, einer außerordentlich abweisend vor sich hinstarrenden Bestie, mit starrem Blick zum Boden gerichtet, als hätte sie ein ganz schlechtes Gewissen. Diese Männer waren höchlichst daran interessiert, die »unter der Erde sich erweisenden Qualitäten« ihres Hundes an den Dachsen im Hause zu testen. Der Tavernenwirt wurde herbeizitiert, aber er erklärte den neuen Gästen, daß die schon unten im Keller befindliche Gesellschaft den Anfang mache, und daß deren Hund jetzt gegen den Dachs kämpfe. Er beteuerte gleichzeitig, daß er dem Dachs immer eine Stunde Ruhe geben müsse, ehe ein anderer Hund wieder zugelassen werden könne. Man braucht nicht eigens zu betonen, diese Stunden der Ruhe des Dachses bedeuteten immer für den Wirt tüchtiges Trinken der Gäste und ›brachten damit stets Getreide auf die Mühle des Bonifatius‹.

Nach angemessener Zeit stieg die Gesellschaft durch die Falltüre über eine Leiter in ein Gewölbe mit nackten Wänden, dunkel und feucht, in dem die dumpfe Luft roch wie in einem Grabgewölbe. Unter lautem Schreien und Bellen wurde der Dachs erneut aus seiner Röhre gezerrt, das Blut des vorausgegangenen Kampfes noch frisch auf seinem Fell. Danach

Badger Baiting: Henry Alken, London 1824

Sammlung: Dr. Fleig

Running a Badger to bay: Henry Alken, London ca. 1820 Sammlung: Dr. Fleig

kehrte die Gesellschaft hochzufrieden in die Trinkbude nach oben zurück und begoß die Tapferkeit ihres Hundes gebührend.«

Schon die Beschaffung der für diesen »Sport« notwendigen Dachse führte zu vielen Quälereien dieses für den Menschen so harmlosen und auch nützlichen Tieres.

Der Bedarf an Dachsen war groß. Mit verschiedenen Terrierschlägen wurde versucht, den Dachs bei seinen Wanderungen über der Erde zu stellen. Hierfür können wir mehrfach Illustrationen durch alte Stiche finden. Zunächst Henry Alken: »Running a Badger to Bay« – Stellen des Dachses –. Dieser Stich zeigt den gestellten Dachs in Abwehrstellung, bedroht durch drei Hunde. Es ist Aufgabe der Jäger, den gestellten Dachs nun mit ihren Fangeisen um den Hals zu fassen und ihn so lebend und möglichst unbeschädigt einzufangen. Die zweite Darstellung von S. Alken zeigt den Dachsfang mit dem Hund und mit Grabwerkzeugen.

Weiter bringen wir einen großartigen Stich des bekannten englischen Landschaftsmalers Town. Dieser zeigt besonders eindrucksvoll den Angriff zweier mächtiger, großrahmiger Bulldogs, auf den sich tapfer stellenden Dachs. Allerdings müssen wir in diesem Zusammenhang nochmals herausstellen, daß in der Regel nicht der relativ schwerfällige und große Bulldog, sondern der Bull and Terrier für die Dachsjagd eingesetzt wurde, wie uns alle etwa um 1820 entstandenen Darstellungen von Henry Alken und S. Alken eindeutig beweisen.

Es wird ferner noch berichtet, daß die eingefangenen Dachse öfter auch über der Erde dem Angriff einzelner Hunde ausgesetzt wurden, da

Badger Catching: Henry Alken, London 1820

Sammlung: Dr. Fleig

dieser Kampf natürlich für die Zuschauer noch interessanter war. Einen solchen Kampf illustriert eine Zeichnung von Henry Alken, entnommen aus seinen Studienblättern. Solche Kämpfe endeten aber nahezu stets mit dem sicheren Tode des Dachses, so daß wohl dann sich das »Drawing the Badger« als ökonomischer erwies, es sparte Dachse, man konnte Eintrittsgeld erheben und noch auf die Zeiten wetten.

Bildhinweis zu Seite 108/109:
Town – Bulldogs and Badger, Stich ca. 1800

Sammlung: Dr. Fleig

7. Kampf gegen Ratten

Eine der ältesten Aufgaben unserer Haushunde ist die Bekämpfung der den Menschen verfolgenden und als Krankheitsüberträger gefährlichen Ratten. Rattenbeißer gibt es sicher in allen Ländern der Erde, wo diese Plage den Menschen bedroht. Der Hund ist wichtiger Helfer des Menschen gegen dieses Ungeziefer. Aber »Merry Old England« blieb es vorbehalten, das düstere Handwerk des Rattenfängers zum lüsternen Spektakel in der Pit werden zu lassen. Ja, man brauchte in diesem Lande sogar eigens angestellte, zweibeinige Rattenfänger, welche oft nicht genug lebende Ratten heranschleppen konnten, um den Bedarf all der kleinen Pits zu decken. Rattenfangen war im alten London ein ehrsames und recht profitables Handwerk.

Spezialisten für Rat-Killing waren in England naturgemäß Hunde mit Terrierblut in ihren Adern. Fitz Barnard sieht Rat-Killing als eine ganz besondere Kunst an. Hierzu bedürfe es nicht nur eines mutigen Hundes, der sich vor Rattenbissen nicht scheue, sondern insbesondere großer Schnelligkeit. Der echte »Rat-Killer« beißt einmal zu, läßt die Ratte fallen, beißt wieder zu, läßt fallen und so fort. Der reinblütige Terrier schüttelt die gefangene Ratte, um sie vom Beißen abzuhalten, ein Hund aber, der seine Zeit mit Schütteln vergeudet, hat keinerlei Chance, einen Rat-Killing-Wettbewerb, bei dem es insbesondere auf Zeit geht, zu gewinnen. Der echte Kampfhund hingegen, schüttelt die Ratte nicht, da er, erst einmal im Kampfe, Bisse nicht spürt. Der erfolgreiche Rat-Killer packt die Ratte zwischen Kopf und Schulter, dadurch kann sie ihn nicht beißen, und ein harter Biß tötet die Ratte sofort.

Wentworth Day, ein Anhänger dieses »Sports« sieht diese Kämpfe als ethisch absolut gerechtfertigt an. »Die Ratte ist das kaltblütigste, wildeste, zerstörerischste und Krankheit verbreitendste Tier auf den britischen Inseln. Aber man muß uneingeschränkt anerkennen, sie ist ein echter Kämpfer! Und es ist eine Freude zu beobachten, wie ein guter Hund Ratten schnell und geschickt tötet. Ich sage dies nicht mit einem Gefühl von Sadismus, sondern als Mensch, der die Begeisterung und das Vergnügen an einem echten Kampf sich bewahrt hat, etwa wie man auch einen Boxkampf liebt oder ein Boot gegen schwere See ansteuert, gegen den Sog einer starken Ebbe anschwimmt oder ein Pferd über schwierige Hindernisse reitet.«

Ganz so romantisch kann allerdings die Wirklichkeit nicht gewesen sein. Derselbe Autor beschreibt Anfang des 20. Jahrhunderts eine der letzten alten Rat-Pits in London. Dies war ein recht schmutziger, kleiner Platz, direkt am Cambridge Circus in London. Man stieg eine morsche, hölzerne Stiege hinab und kam in einen großen unterirdischen Keller, der dadurch entstanden war, daß man die Keller zweier Häuser zusammenlegte. Der Keller war stark verräuchert, der Gestank von Ratten, Hunden und schmutzigen menschlichen Wesen sowie der schale Geruch von abgestandenem Bier waren fast unerträglich. Gaslichter erhellten den Mittelpunkt des Kellers, einen holzeingefaßten Ring, ähnlich einer kleinen römischen Zirkusarena, stufenförmig darüber fast bis zur Decke Holzbänke übereinander angeordnet. Dies war die Pit für Hundekämpfe, Hahnenkämpfe und Rat-Killing. Einhundert Ratten wurden eingesetzt, große Wetten gingen hin und her, wessen Hund innerhalb einer Minute die meisten Ratten töten könne. Die Hunde »arbeiteten« vorbildlich, ein Griff, ein Stoß, – für die Ratte war alles vorbei. Bei besonders geschickten Hunden flogen gleichzeitig zwei tote Ratten durch die Luft . . .

Nun eine präzise Schilderung der für Rat-Killing niedergelegten Wettbewerbsbedingungen:

Grundsätzlich gab es eine Art von Gewichtshandicap für jeden Hund. In einer bestimmten,

»Billy« – The Rat Killer of unrivalled Fame Taken from Life, Westminster Pit, Aquatint G. Hunt

Sammlung: Dr. Fleig

vorgegebenen Zeit hatten die in Wettbewerb antretenden Hunde ebenso viele Ratten zu töten wie sie an Pfunden wogen. Auch hier finden wir wieder wie beim Kampf gegen den Dachs Schiedsrichter und Zeitnehmer. Die Pit wurde übrigens bei Rattenkämpfen entweder oben mit Draht abgedeckt oder durch zusätzliche Sicherungen an den Wänden verhindert, daß die Ratten vorzeitig entweichen konnten.

Die vorgesehene Anzahl Ratten wird eingesetzt, der Hund dazwischengestellt. In dem Augenblick, indem der Hund den Boden berührt, läuft die Zeit. Hat der Hund die letzte Ratte im Fang, ergreift ihn sein Besitzer und die Zeit steht. Ratten, von denen man meint, sie seien noch am Leben, werden vor dem Schiedsrichter auf dem Tisch im Kreise ausgelegt, der Schiedsrichter klopft mit einem Stock den Tieren dreimal auf den Schwanz, kriecht die Ratte jetzt aus dem Kreis, so gilt sie als lebend. Der Hund muß mit diesen Ratten zurück in den Ring und sie vollends töten, die neue Zeit wird zur ursprünglich gestoppten Zeit addiert. Kürze der Zeit, Anzahl der Ratten und Gewicht des Hundes entscheiden über den Sieg. Dabei gilt ein Tempo von fünf Sekunden pro Ratte als recht gut, fünfzehn Ratten in der Minute sind ein ganz ausgezeichnetes Ergebnis. Man muß sich dies einmal bildlich vorstellen, eine Ratte innerhalb von vier Sekunden einfangen, hochheben, totbeißen, fallenlassen . . . und die nächste gepackt, während die erste noch zu Boden fällt. Auch darf man keinesfalls übersehen, daß in die Enge getriebene Ratten selbst angreifen und sehr schmerzhaft beißen. Es gibt gar nicht viele Hunde, welche sich solchen Bissen aussetzen!

»Billy«, the celebrated »Rat Killing Dog« (Ausschnitt) handcolorierter Stich, London, 1823

Foto: Lazi Perenyi – Sammlung: Dr. Fleig

»Billy«, einer der berühmtesten Rat-Catchers vom Typ der Bull and Terrier, ist in einem alten Stich aus dem Jahre 1823 – den wir in diesem Buche abbilden – bei seinem Rekord-Match verewigt. Wir erfahren aus der Bildunterschrift: »Billy ist jetzt im Besitz von Mr. Charles Dew und wurde von dem bekannten Züchter James Yardington gezüchtet. Sein Vater ist Old Billy aus der Zucht von John Tattersal Esq. aus Woollen under Edge, Gloucestershire, und stammt damit aus der besten Linie aller englischen Bulldogs. Von Mutterseite her stammt Billy von Yardington's Sal. Sal kommt aus der Curley-Linie, sie stammt von einer besonders guten Halbbluthündin, allen Sportsleuten wohl bekannt. Ihr Vater ist der Bulldog Turpin, gezüchtet von J. Barclay Esq. aus der Jacklin's-Linie. Barclay ist der größte aller Bulldog-Züchter in der ganzen Welt. Turpin ist ein Sohn von Blind Turk, einem sehr bekannten Bulldog. Alle diese Hunde können in ihrer Abstammung über vierzig Jahre zurückverfolgt werden, und es gibt über sie zahlreiche alte Berichte.

Billy tötete eine ganze Reihe von Ratten, ehe er in der Sportswelt bekannt wurde, und er gewann ohne jegliche Mühe folgende Wettbewerbe:

1820   1. Kampf nur gegen die Zeit, tötet 20 Ratten in 2 min., 3 sec.

1820   2. Kampf gegen Mr. Gill's Jack, tötet 20 Ratten in 2 min., 8 sec.

1820		3.	Kampf gegen Mr. Germain's White Terrier, tötet 20 Ratten in 1 min., 45 sec.
1820		4.	Kampf gegen Mr. Baker's Tulip, tötet 20 Ratten in 1 min., 10 sec.
1820		5.	Kampf gegen The Walworth Dog, tötet 20 Ratten in 1 min., 11 sec.
1822	3. 9.	6.	Kampf nur gegen die Zeit, tötet 100 Ratten in 8 min., 45 sec.
1822	22. 10.	7.	Kampf nur gegen die Zeit, tötet 100 Ratten in 8 min., 17 sec.
1822	12. 11.	8.	Kampf nur gegen die Zeit, tötet 100 Ratten in 6 min., 28 sec.
1823	22. 4.	9.	Kampf nur gegen die Zeit, tötet 100 Ratten in 5 min., 30 sec.
1823	5. 8.	10.	Kampf nur gegen die Zeit, tötet 120 Ratten in 8 min., 20 sec.

Die oben zitierte Bildunterschrift unter dem Stich zu Ehren von »Billy« zeigt, daß Billy nicht, wie man nach dem äußeren zunächst vermuten würde, vorwiegend Terrier, sondern ganz überwiegend ein Bulldog aus jenen Jahren war.

Die Rasse der Bull and Terrier, das Hereinholen des berühmten Schusses Terrierblut, finden wir in seiner Mutter Sal, die ihrerseits eine berühmte »Halbblutmutter« hatte. Natürlich wird hier auch nochmals dokumentiert, in welch starkem Maße der Bulldog zu Beginn des 19. Jahrhunderts vom heutigen Bulldog abweicht, – soviel Bulldogblut und dennoch die Anatomie eines eleganten und schnittigen Hundes!

Wie sorgfältig man die Zucht dieser vierbeinigen Kämpfer betrieb und verfolgte, dies beweist die klare Genealogie über Billy. Erinnern wir uns daran, die Zucht solcher Hunde war ein ganz großartiges Geschäft, wenn man erst einmal solche Erfolgshunde herausbrachte, die erfolgreichen Züchter waren im ganzen Lande hoch angesehen und berühmt.

Die stolze Kampfgeschichte von Billy zeigt klar den Aufbau eines solchen Hundes über Jahre mit erst kleineren Kämpfen, dann ernsthaften Wettbewerben gegen andere Hunde und zuletzt nur noch Kampf gegen die Uhr! Dabei erinnert sich dann der Chronist nur noch an das Jahr des Erfolges bei den Anfangskämpfen, nicht mehr an die genauen Daten. Just im Jahre 1822 ging es dann zu großen Kämpfen – gegen die Uhr – mit einhundert Ratten. Hier sind nun alle Kampftage genau festgehalten, die Laufbahn wird gekrönt am 22. April 1823 mit dem neunten Kampf. Dieser wird dann auch zu Ehren von Billy im Stich verewigt. An diesem Tage wurde ein Weltrekord aufgestellt mit einhundert Ratten in fünfeinhalb Minuten, der bis zum Jahre 1862 ungebrochen blieb. Alle dreieinhalb Sekunden eine tote Ratte und dies ausdauernd über fünf Minuten!

Übrigens, ein Blick auf den Stich zeigt uns als Zuschauer von Billies Weltrekord eine recht illustre Gesellschaft, festlich gekleidet, deutlicher Beweis dafür, wie in der Blütezeit der Kämpfe durchaus auch das englische Bürgertum diesem Sport huldigte. Welch ein Gegensatz zu unserer vorherigen Schilderung aus der Zeit der Illegalität Anfang des 20. Jahrhunderts!

Der Weltrekord im Rattentöten wird nach dem »Sporting Chronicle Annual« von dem Bullterrier Jacko gehalten. Dessen Kämpfe wurden mit folgenden Zeiten gestoppt:

20. 8. 1861
    25 Ratten in 1 Minute 28 Sekunden
29. 7. 1862
    60 Ratten in 2 Minuten 42 Sekunden
1. 5. 1862
    100 Ratten in 5 Minuten 28 Sekunden
10. 6. 1862
    200 Ratten in 14 Minuten 37 Sekunden
1. 5. 1862
    1000 Ratten in weniger als 100 Minuten

Zahlen haben etwas trockenes und langweiliges an sich, man liest sie und sie sind schon wieder verschwunden. Stellen wir uns bitte

Rat Hunting: Stich nach Hancock, London, 1. 9. 1837

Sammlung: Dr. Fleig

nochmals vor, ein kleines, bluttriefendes Energiebündel, mitten in der Ratten-Pit, einhundert Minuten lang, dies sind eine Stunde und vierzig Minuten, ständig eine Ratte nach der anderen tötend, – und alle sechs Sekunden stirbt eine Ratte! – oder unser Zahlenmaterial neugeordnet nach der »Durchschnittsgeschwindigkeit des Rattentodes«:

20. 8. 61   alle 3,5 Sekunden eine tote Ratte
                        insgesamt   25 Stück
29. 7. 62   alle 2,7 Sekunden eine tote Ratte
                        insgesamt   60 Stück
1. 5. 62   alle 3,3 Sekunden eine tote Ratte
                        insgesamt   100 Stück
10. 6. 62   alle 4,4 Sekunden eine tote Ratte –
                        insgesamt   200 Stück
1. 5. 62   alle 6,0 Sekunden eine tote Ratte
                        insgesamt   1000 Stück

Jacko erzielte hier gleich zweimal Weltrekord. Am 29. 7. 62 mit einer »Durchschnittstötungszeit« von 2,7 Sekunden pro Ratte, und zum anderen am 1. 5. 62 mit seinem Kampf mit einhundert Ratten, wo er um zwei Sekunden schneller »arbeitete« als Billy. Interessant ist in diesem Zusammenhang sicher noch die Tatsache, daß er wohl seine beste Schnelligkeit bei der Tötung von sechzig Ratten erreichte, danach die Durchschnittszeiten langsam ansteigen. Phenomenal ist sicher der Kampf vom 1. 5. 1862 mit der Vernichtung von eintausend Ratten in weniger als einhundert Minuten. Es ist unglaublich, welche Ausdauer diese Tiere bei der Vernichtung der ihnen verhaßten Ratten aufbrachten.

Nach Ash war Jacko ein etwa sechs Kilogramm schwerer, schwarzer Hund mit lohfarbenen Abzeichen vom Typ der Bullterrier. Er stand im Besitze von Jemmy Shaw in London und – Sie können sicher sein – dieser Hund ernährte seinen Mann!

Aus dem März 1865 wird noch der Kampf eines anderen Bullterriers im Besitze eines Billy Shaw berichtet. Der etwa $11^1/_2$ kg schwere »Pincher« tötete dabei fünfhundert Ratten in sechsunddreißig Minuten und sechsundzwanzigeinhalb Sekunden, das sind immerhin 4,4 Sekunden pro Ratte. Diese »Geschwindigkeit« hielt Jacko nur für zweihundert Ratten durch, allerdings war Jacko ja auch nur das halbe Gewicht zu Pincher, was nach der festen Überzeugung der »Sportsleute jener Jahre« ein wesentliches Handicap für Jacko bedeutete. Zum Abschluß unserer Darstellung dieser »Sportart« einen Auszug aus dem »Sporting Magazine 1825«:

»Rat-Killing – Billy und die Hündin aus Kent.

Am Dienstagabend, den 10. Mai, wurde ein Wettkampf ausgetragen zwischen dem recht berühmten Billy und der Hündin aus Kent. Das Match fand in der Westminster-Pit statt, die so überfüllt war und dabei so heiß, daß es notwendig wurde, die Ziegel vom Dache zu nehmen, damit frische Luft hereinkam. Seine Gnaden, des Königs Rattenfänger, erschien mit einem großen Käfig voller Ratten aller Größen. Er begann sofort, eine Reihe davon in die Pit zu setzen. Dann wurde die Hündin aus Kent vorgestellt. Sie war um einiges größer als Billy, etwa von derselben Farbe, beinahe rein weiß. Die Hündin sprang nun von Ecke zu Ecke, sie verrichtete ihre Arbeit recht gut, aber sie war offensichtlich bei weitem nicht so schnell wie Billy. Die Wetten standen von Anfang an 2:1 gegen sie, aber niemand nahm diese Wette an. Während des Kampfes wurde ihr Maul einmal ausgewaschen, und nachdem alle Ratten tot waren, wurde sie herausgenommen. Der Zeitnehmer gab bekannt, daß sie ihre Aufgabe in acht Minuten und fünfundvierzig Sekunden

erfüllt habe. Es wurden fünfundsechzig tote Ratten gezählt . . .

Der Veranstalter schlug nun vor, Billy sollte ebenso viele Ratten erhalten, so könne man am besten die Leistung dieses Hundes würdigen. Dies wurde als fair angenommen. Die Pit wurde für Billy freigemacht und eine frische Menge Ratten hereingetragen. Diese schienen sogar stärker, größer und weitaus lebhafter zu sein als die ersten, auch waren es offensichtlich viel mehr. Der Veranstalter jedoch meinte, man solle sie ruhig alle in die Pit tun.

Die Vorstellung von Billy verursachte allgemein große Freude, die Uhren wurden gestellt das Werk der Zerstörung begann. Billy zeigte sich schnell als mit allen Wassern gewaschen, die Schnelligkeit seiner Arbeit verursachte allgemein aufgeregtes Erstaunen. Auch sein Maul wurde ausgewaschen, und es ging erneut ans Werk, bis keine einzige Ratte mehr am Leben war, Die Zählarbeit begann, und man fand neunzig tote Ratten. Der Zeitvergleich ergab, daß Billy diese Aufgabe in der kurzen Zeit von sieben Minuten und dreißig Sekunden erfüllt hatte. Dies bedeutete, daß er eine Minute, fünfzehn Sekunden weniger Zeit brauchte als die Hündin aus Kent, obwohl er neunzig, jene nur fünfundsechzig, Ratten getötet hatte.«

8. Weitere Kämpfe - Gegen Affen, Opossum, Schwein, Pferd, Esel

Den Kampfhunden wurden immer neue Gegner präsentiert, auch solche von ganz außergewöhnlicher Art. Dabei ergaben sich recht befremdliche Kämpfe, teilweise mit völlig überraschendem Ausgang.

Besonders interessant waren die Kämpfe gegen den Affen, ein Tier, das in zahlreichen

»Battle of the Bulldog and Monkey« Kupferstich nach Samuel Howitt, veröffentlicht 1. 7. 1799 Months Magazine (Ausschnitt)

Foto: Lazi Perenyi – Sammlung: Dr. Fleig

Kämpfen dank seines Intellektes und dank seines gegenüber dem Hund sehr unorthodoxen Kampfstils ganz überraschende Ergebnisse erzielte.

Dem Sporting Magazine des Jahres 1799 entnehmen wir folgenden Bericht: »Ein recht seltsamer Kampf zwischen zwei Tieren wurde in Worcester ausgetragen. Die Wette stand auf drei Guineas, wonach der Hund den Affen in längstens sechs Minuten töten werde. Dabei gestattete der Hundebesitzer, daß der Affe zu seiner Verteidigung einen Stock, etwa dreißig Zentimeter lang, benutzen durfte.

Hunderte von Zuschauern liefen zusammen, um Zeuge dieses Kampfes zu sein, und die Wetten standen acht, neun, ja sogar zehn zu eins zu Gunsten des Hundes, der vor dem Kampfe kaum zu bändigen war. Der Affenbesitzer zog einen runden Stock, etwa dreißig Zentimeter lang, aus seiner Manteltasche, warf ihn dem Affen zu und rief: ›Jetzt Jack, paß auf, hüte dich vor dem Hund!‹ – der Metzger schrie: ›Jetzt, drauf auf den Affen!‹, und ließ den Hund los, der tigergleich auf den Affen zuflog. Der Affe war erstaunlich behend, sprang etwa einen Meter hoch in die Luft, fiel wieder herunter, landete direkt auf dem Rücken des Hundes,

*The Westminster Pit: A Turn-up between a Dog and Jacco Macacco the Fighting Monkey
nach Zeichnung von Samuel Alken*

Sammlung: Dr. Fleig

verbiß sich fest in den Hals des Hundes, ergriff mit seiner Pfote das linke Ohr seines Gegners und verhinderte damit, daß der Hund seinen Kopf zum Biß drehen konnte. In dieser völlig überraschenden Situation begann nun der Affe mit seinem Prügel den Kopf des Hundes zu bearbeiten, und er trommelte so kräftig und pausenlos auf den Hundeschädel ein, daß die arme Kreatur laut aufschrie. Kurz gesagt, der Schädel war schnell gebrochen, und der Hund fast leblos hinausgetragen. Dabei war der Affe nur von mittlerer Größe.« Dieser Bericht inspirierte den bekannten englischen Tiermaler Samuel Howitt zur Illustration dieses Berichtes »Battle of the Bulldog and Monkey«, wodurch dieser Kampf auch im Bilde der Nachwelt überliefert bleibt.

Ein anderer, der Nachwelt überlieferter Affe ist Jacco Macacco. Über ihn berichtet Pierce Egan aus der Westminster-Pit in dem Jahre 1820: »Die Dog-Pit war in wenigen Minuten überfüllt und zahlreiche Leute gingen murrend wieder hinweg, als hätte man ihnen die hübscheste Aussicht in der ganzen Welt versperrt. Sie waren so enttäuscht, daß sie sich nicht frühzeitig Plätze sichern konnten. Jacco Macacco wurde nun in einem hübschen, kleinen Gehäuse vorgestellt, begrüßt vom Geschrei und den Pfiffen der Zuschauer. Dabei war er nicht einmal höflich genug, sich zu verbeugen als Dank für diese Zeichen der Zustimmung, die ihm alleine galten. Jacco trug um die Lenden eine dünne Kette, etwa zwei Meter lang, diese wurde mit einem eisernen Stab, der tief in den Boden geschlagen wurde, verbunden. Dann wurde er aus seinem Gehäuse genommen.

Gleich danach wurde der Hund herbeigeschafft und dieser flog direkt auf den Affen zu.

»Tom and Jerry sporting their Blunt on the phenomenon monkey Jacco Macacco at the Westminster Pit.« Stich LR. und C. Cruikshank, London, ca. 1820

Foto: Lazi Perenyi – Sammlung: Dr. Fleig

Der Affe jedoch, ehe der Angriff ihn erreichte, duckte sich mit einer Geschicklichkeit, die einem Preisboxer gut anstände, eng zusammen, um so dem Anprall des Hundes standzuhalten. Dennoch begrub der Hund ihn sofort unter sich und drehte ihn um. Aber in diesem Augenblick drangen die Zähne des Affen wie eine Säge in die Kehle des Hundes und rissen messergleich eine große Wunde.«

Und durch den großen Blutverlust, den alle Hunde im Kampf gegen Jacco Macacco erlitten, starben die meisten kurz darauf. Der Affe erlitt nur ganz selten bei diesen Kämpfen geringfügige Verletzungen. Aber man sagte von ihm, daß er von so unberechenbarer wilder Natur sei, daß es seinem Herrn richtig erscheine, stets eine Eisenplatte zwischen sich und dem Affen zu haben, für den Fall, dieser bisse einmal versehentlich nach seinen Beinen.

»Welch ein Ungetüm!« sagte ein schmieriger Metzger, saß mit offenem Mund da, eine rote Nachtmütze auf seinem Schädel und deutete auf Jacco Macacco. »Ich setze auf den Affen die Keule eines Schafes! Ihr könnt mich totschlagen, wenn ich je zuvor in meinem Leben so etwas sah. Es ist wirklich wunderbar! Und wie er seine Feinde bestraft! Er scheint die Hunde mit einer solchen Leichtigkeit zu zerstören als habe er jahrzehntelang nichts anderes getan, als mit Hunden zu kämpfen!« – Man könnte ein kleines Buch mit ähnlichen Zitaten füllen, die aus der lärmenden und aufgeregten Menschenmenge kamen und die alle die »finishing qualities« von Jacco Macacco bewunderten. Einige lachten, andere schrien wild, und einige der Menschen sprangen fortwährend hoch und wieder herunter in einer Art von Ekstase, schlugen mit ihren Stöcken auf den Boden und ähnelten sehr den Insassen einer Irrenanstalt, die aus ihrer Zwangsjacke entschlüpft waren.

Soweit Pierce Egan, der bei allen seinen Schilderungen der Kämpfe es verstand, das Kampfgeschehen mit den Reaktionen der Zuschauer auszuschmücken. Wir finden eine Illustration dieses Kampfes in Pierce Egan's Buch. T. Landseer stellt in einer Skizze aus dem Jahre 1825 einen Kampf zwischen Jacco Macacco und der berühmten Hündin Puß meisterhaft dar. Aus dem Jahre 1823 gibt es einen Stich nach einer Zeichnung von S. Alken über denselben Affen. Von anderen »Kampfaffen« wird berichtet, daß es ihre Spezialität war, die gegnerischen Hunde zu blenden.

Wir sehen bei diesen Schilderungen des Kampfes Affe gegen Hund, daß offensichtlich das Quäntchen höheren Intellekts, verbunden mit gesundem Instinkt und Kampferfahrung, den Affen zu einem außerordentlich gefährlichen Gegner der Kampfhunde machte. Dabei ist es

Example X: Kampf mit dem Affen, Sir Edwin Landseer, ca. 1820   Sammlung: Dr. Fleig

immer wieder verblüffend, wieviele Narren es unter den Zweibeinern gegeben haben muß, die ihre tapferen Hunde in das sichere Verderben schickten und dafür sorgten, daß ihren Mitmenschen derartige Spektakel offeriert werden konnten.

Bleiben wir bei Pierce Egan. Seinem »Book of Sports« verdanken wir auch die Schilderung des Kampfes zwischen Opossum und Kampfhund in London, eine recht seltsame Geschichte, – Beuteltier gegen Kampfhund! »Mr. Ferguson hatte eine junge Terrierhündin, etwa 16 Monate alt, leberfarben, etwa $11^1/_2$ kg schwer. Mr. Jenkins besaß ein Opossum, das er von New South Wales mitgebracht hatte, von dem man annahm, daß es etwa drei Jahre alt war und daß es etwa zwölf Kilogramm wog. Ein Opossum ist ähnlich einem Fuchs (und daher auch vulpine opossum genannt), aber kleiner als dieser. An den Vorderläufen hat es fünf Zehen, der innere hoch angesetzt und nach innen gerichtet. Die Zehen sind mit beachtenswert starken Krallen bewehrt. An den Hinterläufen finden wir vier Zehen und eine Art Daumen. Die Läufe des Tieres sind kurz, aber kräftig aufgebaut.

Die Hündin und das Opossum kämpften am 6. Januar 1829. Es war ein rauher Tag. Der Kampf mußte anstatt auf dem Humpton Green in einer alten Scheune stattfinden, so viele wollten diesen Kampf um jeden Preis sehen, so sehr war die ganze Nachbarschaft interessiert. Viele Wetten wurden vor dem Kampfe abgeschlossen. Dabei wurden Guineas gegen Pfunde gesetzt. Possey, das Opossum, war Favorit bei unseren Norfoth-Experten, die die Natur dieses wilden Tieres gut kannten und gesehen hatten, wie hervorragend der Trainer Jemmy Neal das Opossum vorbereitet hatte. Diese trieben die Wetten sogar auf 3:2 hoch, ja ich hörte sogar, daß 2:1 angeboten worden sei, kann dies aber nicht selbst bestätigen. Die Hündin wurde von Tom Riffley trainiert.

Runde 1: Possey kam sehr fit heraus, schüttelte seinen buschigen Schwanz und stürzte sich auf die Hündin schnell wie der Blitz, packte sie an der Schulter und riß ein Stück Fleisch heraus. Dann zog er sich zurück, machte einen neuen Sprung nach den Vorderläufen der Hündin, verfehlte aber. Inzwischen war die Hündin nicht untätig, sie machte mehrere Versuche, sich fest zu verbeißen, aber des Gentleman's langes Haarkleid betrog die arme Hündin, die ein Maul voll des äußeren Gewandes jedesmal, wenn sie zupackte, herausriß. Schließlich erwischte sie ihn, ›where the Irish-men put their lundy‹ biß ihn sehr schwer, während Possey sich revanchierte und seine Klauen nutzte, mit denen er scheußlich die Hündin zerkratzte. Schließlich kam er los und wurde in seine Ecke genommen.

Nach zwei Minuten begann Runde 2. Beide stürzten gleichzeitig aufeinander los, krachten mit den Köpfen zusammen und fielen um. Sich umdrehend ergriff Possey die Hündin an der Kehle, warf sie über sich, streckte die Hinterläufe fest aus und würgte fast allen Atem aus der Hündin. 4:1 für Possey wurden jetzt geboten, – keiner nahm die Wette an. Die Hündin kämpfte verhalten, bis sie wieder etwas Luft bekam, dann griff sie ihn erneut an, packte ihn an der langen Nase und zog ihn im guten Stil durch den Ring, trotz seiner Klauen, die schreckliche Wunden an der Hündin rissen. Possey kam wieder frei und wurde in seine Ecke getragen. Diese Runde dauerte neuneinhalb Minuten.

Runde 3. Die Hündin griff zuerst an und packte Mr. Possey an der Nase, hielt fest und zog ihn ungefähr zweieinhalb Minuten durch den Ring, er kämpfte nur mit den Klauen. Als sie den Halt verlor, sprang sie ihm ins Genick, das sie in den vorherigen Runden vom Pelz gesäubert hatte, sie bearbeitete ihn heftig, schüttelte ihn hin und her, bis er loskam und wieder in seine Ecke genommen wurde. Possey war durch den Blutverlust ziemlich schwach

The Celebrated Fighting Pig »Pape« Kampf gegen Crib am 18. 3. 1849

geworden, wurde jedoch durch Riffley wieder dadurch fit gemacht, daß er ihm etwas in die Nüstern rieb.

Runde 4 und Ende. Die Hündin packte erneut das Genick des Fremdlings und hinterließ hier deutliche Spuren ihrer Zähne. Sie faßte ihn dann an der Schulter, erwischte einen hervorragenden Halt und jetzt zum erstenmal schrie Possey laut auf. Als er loskam, ging er in seine Ringecke. Man konnte ihn nicht mehr ermutigen, den Kampf wieder aufzunehmen. Demzufolge wurde die Hündin zum Sieger erklärt. Der ganze Kampf dauerte siebenunddreißig Minuten.«

Nun zu einem anderen eigentümlichen Kampf. Dieser fand am 18. März 1849 statt. Hiervon überliefert ist nur eine Abbildung und einige Angaben über das Gewicht der Gegner und die Wetteinsätze. Da der Wetteinsatz in Dollar ausgedrückt ist, spricht vieles dafür, daß dieser Kampf in den USA stattfand.

Gegner waren »das berühmte Kampfschwein Pape«, das vom Typ her wohl ein wildes Schwein von sehr kleinem Wuchs war. Sein Kampfgewicht wird mit 15,4 kg angegeben. Unsere Abbildung zeigt im Vergleich zu Menschen und Hund den Zwergenwuchs dieses Tieres. Pape kämpfte gegen Crib, einem gestromten Bull and Terrier, von einundzwanzig Kilogramm Kampfgewicht. Crib, bis dahin unbesiegt, unterlag nach kurzem Kampfe gegen Pape und starb später an den in diesem Kampfe erlittenen Verletzungen. Pape tötete am selben Kampftag noch einen zweiten Hund namens Imp. Dieser Hund trat mit einem Kampfgewicht von siebzehn Kilogramm an, und der Kampf dauerte nur eine Minute und siebzehn Sekunden.

A Horse baited with Dogs, aus Manuskript, 14. Jahrhundert, Royal Library (nach Strutt)

Mr. P. Blaine berichtet in seiner Encyclopaedia of Rural Sports auch über »Horse-Baiting«, Kampf des Hundes gegen das Pferd. Aus diesem Buche entnahmen wir auch unsere Illustration. Der Kampf fand im Jahre 1682 statt, Blaine berichtet: »In öffentlichen Anschlägen wurde angekündigt, daß am 12. April ein Pferd von ungewöhnlicher Stärke und achtzehn bis neunzehn Hände hoch in seiner Majestäts Bear-Garden zu Hope auf der Bankside in London zu Tode gehetzt werde. Dieses Fest wurde veranstaltet zu Ehren des Botschafters von Marocco und anderer Edlen, die das Pferd selbst gut kannten oder doch bereit waren, den hohen Eintrittspreis zu bezahlen. Es scheint, daß dieses Pferd ursprünglich dem Earl of Rochester gehört hatte. Dieses Pferd, von sehr wildem Charakter, hatte verschiedene andere Pferde getötet und war dann dieser Missetaten wegen an den Earl of Dorchester verkauft worden. Hier verübte es eine ganze Reihe weiterer Untaten und würde deshalb an die ›Schlimmsten der Wilden‹ verkauft, an die, welche den Bear-Garden betrieben. Am festgesetzten Tage wurden verschiedene Hunde auf den wilden Hengst gehetzt, welche zertrampelt oder aus der Reichweite seiner Hufe vertrieben wurden. Durch diese Geschehnisse angeregt beschloß der Besitzer, das Pferd für einen weiteren Tag des Sportes zu erhalten, und er schickte einen Gehilfen, das Pferd wegzuführen. Aber ehe das Pferd London Bridge erreicht hatte, verlangten die Zuschauer mit aller Heftigkeit, daß das Versprechen, es zu Tode zu hetzen, erfüllt werde, und sie begannen, das Gebäude zu zerstören. Zum Schluß wurde das arme Tier zurückgebracht, andere Hunde wurden auf es gehetzt, ohne Erfolg. Schließlich wurde es mit dem Schwert umgebracht!«

»Ass-Baiting«, Kampf mit dem Esel, war in jenen Zeiten recht gebräuchlich, wurde aber anscheinend nie sehr populär. Dies war weniger darauf zurückzuführen, daß man dieses Tier nicht quälen wollte, sondern daß der arme Esel für den Sport nur wenig Anreiz bot, da man ihn nur selten dazu bewegen konnte, die Hunde seinerseits anzugreifen.

Sicher gibt es noch weitere Tiere, welche unter dem »Baiting-Fieber« im alten England zu leiden hatten. Wir glauben aber, daß wir mit den in diesem Kapitel aufgeführten Beispielen unseren Lesern einen recht umfassenden und eindrucksvollen Überblick verschaffen konnten.

9. Kampf gegen den Menschen

Diesem Kapitel kommt eine entscheidende Bedeutung zu für das Verständnis unserer Kampfhunde. Wir haben in den letzten Kapiteln einen recht breit angelegten Überblick gegeben über die verschiedenen gefährlichen Gegner unserer Kampfhunde. Dabei ist jedoch zu betonen, daß nur im Kapitel Kriegshunde der Hund gegen Menschen kämpfte, alle anderen Kapitel zeigten ausschließlich den Kampf Tier gegen Tier.

Aus gutem Grunde wurden unsere Kampfhunde in England nur in sehr seltenen Fällen zum Angriff gegen Menschen gehetzt. Der Engländer hatte wohl schon sehr früh erkannt, daß Kampfhunde nur ganz bedingt als Schutzhunde oder Polizeihunde geschult werden könnten. Wir haben die Wildheit dieser Tiere immer und immer wieder erlebt, diese großen Hunde auf Menschen abzurichten ist – Wahnsinn!

Wir wissen, daß die Kampfhunderassen über Jahrhunderte in den Tierkämpfen völlig auf sich selbst angewiesen waren, sie brauchten hierfür Selbständigkeit, unabdingbaren Mut und den Willen zum Sieg, auch wenn er mit dem eigenen Leben bezahlt werden mußte. Diesen Tieren fehlt – durch jahrhundertelange Zucht so gewollt – die Bereitschaft, sich im Kampfe irgend einem fremden Willen zu unterwerfen. Für diese Kämpfe wäre die Bereitschaft des Kampfhundes, sich fremdem Willen während des Kampfes zu unterwerfen, tödlich.

Man kann Charaktere – menschliche wie tierische – nicht nach eigenem Wohlgefallen aufspalten. Dies gibt es auch nicht in der Zucht. Die Schmerzunempfindlichkeit in der Wut, der bedingungslose Einsatz bis zum Letzten, dies kann nicht einfach durch das menschliche Kommando zum Auslassen aufgehoben werden. Diese Hunde kämpfen, und sie sind – erst einmal in volle Wut geraten – kaum mehr vor dem Ende des Kampfes vom Menschen zu lenken. Wir haben in den Tierkämpfen gesehen, daß in aller Regel eine Trennung vom Opfer nur dadurch möglich war, daß man den Hunden den verkrampften Kiefer aufbrach.

Es ist leider ein weitverbreiteter Irrtum, daß sich Kampfhunde ihrer steten Kampfbereitschaft wegen zur Ausbildung als Polizeihund oder als Schutzhund besonders eigneten. Wenn man sich die Größe, das Gewicht und die unermüdliche Energie unserer Kampfhunde klarmacht, begleitet von der Bereitschaft zum erbarmungslosen Kampf, dann sollte man erkennen, daß diese Hunde von unseren Vorfahren bewußt nur auf den Kampf gegen Tiere ausgerichtet wurden, – fast nie – für den Kampf gegen Menschen.

Die nachfolgenden zwei Beispiele, wo Kampfhunde gegen den Menschen antraten, seien nur deshalb in diesem Buch dargestellt, um zu warnen, diesen Weg mit dem eigenen Hund je zu beschreiten, und weil es einfach zur Abrundung des Bildes beiträgt. Wer dieses Kapitel als Warnung sieht, je große Kampfhunderassen gegen Menschen zu hetzen, der hat es im Sinne des Autors verstanden.

Es gibt im »Sporting Magazine«, Band XVIII, die Darstellung eines Kampfes »Gentleman and The Bull Dog«. Die »Sporting Times« berichtete über diesen Kampf, der 1801 ausgetragen wurde:

Gentleman and the Bull Dog The Sporting Magazine 1801

»Ein Kampf zwischen einem Menschen und einem Bull Dog fand aufgrund einer Wette vor einiger Zeit statt. Schon im ersten Angriff gelang es dem Bull Dog, seinen Gegner umzuwerfen und unter sich zu halten. Obwohl der Fang des Hundes nahezu durch einen Maulkorb verschlossen war, gelang es ihm, sich in den Körper des Mannes fest zu verbeißen. Hätte man den Hund nicht augenblicklich weggerissen, hätte er seinem Gegner das Gedärm aus dem Leib gerissen.« – Die erwähnte Abbildung zeigt einen großrahmigen, mastiffartigen weißen Rüden im Sprung auf seinen Gegner. Bei diesem Kampf blieb trotz des Handicaps des Beißkorbes der Hund Sieger.

Nun zu einem anderen Bericht. Ein Journalist namens James Greenwood berichtet im Daily Telegraph am 6. Juli 1874 über einen Kampf zwischen einem Menschen und einem Bull Dog, dessen Augenzeuge er zufällig geworden war. Dieser Kampf fand am 24. Juni 1874 in einer alten Gastwirtschaft in Hanley/Staffordshire statt. Wir befinden uns zeitlich gesehen bereits in einem England, in dem durch Gesetze strikt alle Tierkämpfe verboten sind. Mr. Greenwoods Bericht im Daily Telegraph schlug nicht zuletzt deshalb große Wellen und löste intensive Nachforschungen aus. Gerade hierdurch wurde aber der Bericht des Journalisten weitgehend bestätigt.

Nun zum Kampf nach Hanley. In einem großen Gastraum war ein Ring durch Seile abgesperrt. Die Zuschauer, welche dem dritten Kampf zwischen Brummy, einem krummbeinigen Zwerg und Physic, einem stattlichen weißen Bull Dog, entgegenfieberten, waren meist Kohlenarbeiter aus dem Black Country, zwischen ihnen aber auch Herren besserer Gesellschaftsschichten, alles in allem etwa fünfzig Zuschauer. Der Boden war mit Sägemehl bestreut, von der Decke hing eine Petroleumlampe, alle Fenster waren geschlossen und sorgsam verhängt. Die einzige Entlüftung erfolgte durch den Schornstein, Qualm von Zigarren und Pfeifen sowie die Ausdünstung der Menschen machten den Raum heiß und stickig.

Der Zwerg Brummy, etwa vierzig Jahre alt, maß höchstens einhundertvierzig Zentimeter Länge, die enorme Größe von Kopf und Ohren war besonders auffällig, er hatte riesige Hände und Füße und völlig krumme Beine. Folgen wir nun der Erzählung unseres Augenzeugen:

»Brummy entledigte sich seines Mantels, seiner Jacke, seines blauen Hemdes und seiner Schuhe und behielt nur seine Hose und ein schmutziges, ärmelloses Unterhemd an. Soweit ausgezogen sah man, daß er außerordentlich muskulös gebaut war. Seine Arme waren bedeckt von Narben und Haaren. Er ölte seinen ganzen Körper sorgfältig ein, nachdem das Öl zuvor vom Schiedsrichter und dem übrigen Ehrengericht überprüft worden war.

›Alles in Ordnung?‹ fragte der Schiedsrichter. ›Ja, bring ihn herein, so rasch er will!‹ griente der Zwerg, und man hörte das Scharren eines vierfüßigen Tieres, ein gieriges Winseln und aus der sich öffnenden Küchentür stürzte ein scheußlicher, schmutziger weißer Bull Dog herein. Sofort als Physic Brummy sah, stieß er einen wilden Schrei aus, aber er wurde am breiten Lederhalsband festgehalten und an eine in der Wand verankerte kräftige Kette gelegt. Ein anderer Helfer befestigte den Zwerg mit seinem Gürtel an einem festen Seil. Jeder der zwei Kämpfer hatte soviel Spielraum, daß sie sich in der Mitte des Ringes begegnen konnten. Nunmehr konnte kein Zweifel mehr bestehen über den bevorstehenden schrecklichen Zweikampf. Der scheußliche Zwerg hatte selbst eine Wette

Alfred Concanen: Physic and Brummy, An Evening at Hanley

auf diesen Kampf gegen Dan'l's Bulldog angeboten, unterstützt noch von den hohen Wetteinsätzen seiner Freunde. Ein Zuschauer erläuterte nach einem kräftigen Schluck aus der Rumflasche: ›Bis jetzt steht es unentschieden. Dies ist ihr dritter Kampf. Diesmal fällt die Entscheidung!‹.

Die Spielregeln waren so aufgestellt, daß dem Hund und dem Menschen genügend Seillänge blieb, um aufeinander loszugehen. Das Seil war jedoch wiederum so kurz, daß jeder dem anderen rückwärts ausweichen konnte, wenn ihm dies klug erschien. Die zweifüßige Bestie konnte niederknien oder sich auf allen Vieren bewegen, was sie zu bevorzugen schien, sie hatte keine andere Waffe als ihre Fäuste. Der Zwerg durfte keinesfalls das breite Halsband des Vierbeiners festhalten. Es war ihm nur erlaubt, den Hund anzugreifen, wenn der Hund ihn anging, und er durfte sich des Angriffs des Hundes nur mit seinen Händen erwehren. Wenn es dem Bull Dog gelänge, seinen Gegner richtig zu fassen, brauchte der Mann nur zu schreien: ›I'm done!‹ (Ich gebe auf!) und sofort sollte alles unternommen werden, den Sieger zu zwingen, seinen Griff zu lockern. Brummy's Aufgabe war es, dem Bull Dog so zuzusetzen, ihn zu betäuben oder so zu prügeln, daß trotz aller Anfeuerungen seines Herrn er nach einer Pause von einer Minute den Kampf gegen den Zwerg nicht wieder aufnahm.

Dan'l, der Besitzer des Bull Dogs, hatte einen Kübel mit Wasser und Essig und einen Schwamm, um den Hund zu erfrischen, während der Zwerg von seinen Freunden eine große Flasche Brandy erhielt, von der er einen großen Schluck nahm und dann die Flasche griffbereit in seine Ecke stellte.

Der Zwerg riß jetzt sein Flanell-Trikot über den Hals herunter, spuckte in seine riesigen Hände, ballte sie zu Fäusten – fast ebenso stark wie die Hämmer eines Steinklopfers – und kniete grinsend nieder. Unterdessen hatte Dan'l die letzten Handgriffe für die Kampftoilette von Physic beendet. Mann und Hund standen bereit zum Kampf.

Man brauchte den rotäugigen Physic nicht anzufeuern, er war nur zu gierig auf den Kampfbeginn. Er bellte nicht, aber er war so von Wut erfüllt, daß Tropfen von seiner stumpfen Schnauze herunterkullerten und sein Keuchen wurde immer lauter und hysterischer. Er brauchte wirklich für die erste Runde keine weitere Anfeuerung. Sobald der Schiedsrichter: ›Let go!‹ (Los!) sagte, sprang diese schmutzige, gierige Bestie mit solcher Wildheit nach vorn, daß die Kette einen hellen Klang durch das Aneinanderreißen der einzelnen Glieder von sich gab.

Der Zwerg wurde jedoch keineswegs vom ersten Ansturm umgeworfen und besiegt. Nachdem einmal dieser gräßliche Kampf begonnen hatte, lag eine schreckliche Spannung über dem Ring. Der Mann kauerte auf allen Vieren bei dem Kommando: ›Let go!‹ und er berechnete genau die Länge der Kette, die seinen Gegner fesselte. Katzenartig krümmte er seinen Rücken zurück, um gerade noch aus der Reichweite der Fangzähne zu kommen und schmetterte dann einen Schlag seiner beiden Fäuste mitten auf den Hundeschädel, der den Hund fast in die Knie zwang. Der Hund erholte sich jedoch sehr schnell. Ehe der Zwerg sich zurückziehen konnte, machte Physic einen zweiten Satz vorwärts, und dieses Mal faßten die Zähne den Arm des Zwerges und verursachten ein kleines, rotes Rinnsal. Der Zwerg feixte voller Zorn und saugte die Wunde aus. Es entstand eine große Erregung unter denen, die auf den Bulldog gewettet hatten, sie klatschten vor Freude in die Hände und ergötzten sich an dem ersten fließenden Blut.

Der von Haaren bedeckte Zwerg grinste noch immer, Dan'l hielt seinen Hund und bereitete ihn auf Runde II vor. Der Zwerg tat alles, um den Bulldog noch mehr zu reizen, er zeigte ihm seinen blutenden Arm. Das Tier, vielleicht durch den ersten Erfolg geblendet, sprang mit plötzlichem Anlauf gegen seinen Feind, aber diesesmal lief der Zwerg seinerseits dem Bulldog entgegen und schmetterte dem Hund einen so fürchterlichen Schlag unter das Ohr, daß dieser sich völlig überschlug. Der Hund war offensichtlich einen Augenblick benommen und fing jetzt an, stark zu bluten, zur frenetischen Freude der Freunde der menschlichen Bestie. Aber schnell wurden diese wieder ernst, denn mit erstaunlicher Energie drehte Physic um und war mit einem Sprung wieder über dem Zwerg, und diesesmal gelang es ihm, seine Zähne in einen der haarigen Arme fest zu verankern, eine schrecklich tiefe Wunde kam zum Vorschein, als der Zwerg das Glied aus den rasenden Kiefern herausriß. Der Bulldog leckte seine Lefzen und hatte weniger Tränen in seinen Augen als sein Herr, der ihn stolz in die Ecke zurücktrug. Der Zwerg ging in seine Ecke auf einen Schluck Brandy und um sich mit einem Tuch etwas abzuwischen.

Er war schnell fertig und grinste wieder als Runde III begann, und diesesmal entbrannte der Kampf in aller Härte, der Hund in den Menschen hineinbeißend, der Mensch den Hund traktierend mit schrecklichen Schlägen seiner schmiedehammerartigen Fäuste auf Rippen und Kopf, bis schließlich die Arme des Mannes blutüberströmt waren. Hinter den Seilen wurde dieses schauerliche Geschäft als 2:1 zu Gunsten von Physic gewertet.

Um es kurz zu machen mit den weiteren sieben Runden. Sie waren in ihren Details so erschreckend, daß ich mehr als einmal gerne meinen Platz verlassen hätte, wenn dies nur möglich gewesen wäre. Die übrige Gesellschaft war jedoch aus weit weniger empfindlichem Stoff gemacht. Je wilder der scheußliche Kampf, um so mehr Geschmack fanden sie daran, und in ihrer Aufregung lehnten sie übereinander und über das Seil, und sie schrien und schnarrten gutturale Laute, wenn ein guter Schlag oder Biß richtig saß.

Als Runde X gekommen war, stellte man fest, daß der Schädel des Bulldogs weit über das gewohnte Maß angeschwollen war. Er hatte zwei Zähne verloren und eines seiner Augen war völlig zugeschwollen. Der Zwerg dagegen dampfte an Fäusten und Armen von frischem Blut, sein scheußliches Gesicht war leichenfahl vor Anstrengung und durch Zweifel an seinem Siege. Das Schicksal war ihm jedoch gnädig. In Runde XI kam der Bulldog frisch und sprühend vor Wut mit schrecklicher Hartnäckigkeit wieder auf ihn zu. Mit der Stärke der Verzweiflung gab ihm der Zwerg einen furchtbaren Schlag unter das Kinn. Dabei wurde der Hund mit solcher Wucht gegen die Wand geschleudert, daß trotz aller Mühen seines Besitzer er mehr als eine Minute lang liegen blieb. Das Scheusal jedoch, das alles Menschliche in sich durch diesen Kampf geschändet hatte, wurde zum Sieger erklärt.«

James Greenwood hat dieses schaurige Erlebnis in seinem Buch »Low Life Deeps«, als »An Evening at Hanley« niedergeschrieben, die Illustration von Alfred Concanen gibt uns ein treffendes Bild dieses grausamen und menschenunwürdigen Kampfes.

Karikatur Treadmill

10. Das Verbot der Tierkämpfe

Die letzten Kapitel zeigten uns ein England, dessen Bewohner bei den grausamen Tierkämpfen eine Ablenkung vom grauen Alltag fanden, die sich an der Tapferkeit, dem Todesmut, dem Kampf bis zum bitteren Ende berauschten. Sicher gibt es psychologisch fundierte Erklärungen, wonach gerade der durch seine Umwelt laufend geduckte und gedemütigte Mensch für sich selbst den Traum der eigenen Tapferkeit träumt, ihn aber gegen die soziale Struktur, in welche er eingezwängt ist, nicht für sich selbst realisieren kann. Was liegt näher als die Ersatzhandlung, die Anschaffung des eigenen Kampfhundes? Was der Mensch nicht für sich selbst erreichen kann, sein Hund hat die Chance, wenn er nur Mut, Schmerzunempfindlichkeit, Stärke, Ausdauer und Geschicklichkeit miteinander richtig zu vereinen weiß. Hinzu trat die Chance auf relativen Reichtum. Erfolg der Hunde, Geschick beim Wetteinsatz, dies brachte Beträge in die »lower class«, die im Verhältnis zu den Einnahmen aus der täglichen Arbeit enorm hoch waren. Dabei ist es menschlich verständlich, daß die vom Kampf- und Wettfieber besessenen »Sportsfreunde« immer nur den Erfolg sahen, nicht die hohen Verluste, welche gleichzeitig eintraten.

Zu Beginn des 19. Jahrhunderts kam eine Gegenbewegung auf aus dem Kreise derer, die im Tier ein dem Menschen anvertrautes Lebewesen sahen, das wie der Mensch Schmerz und Leid empfindet. Dabei ist es sicher diesen Tierfreunden sehr schwer gefallen, von den durch die Spiele verblendeten Massen überhaupt einmal gehört zu werden. Im Jahre 1777 finden wir einen ersten örtlichen Versuch, Bull- und Bearbaiting unter Strafe zu stellen. In Wolverhampton wurde im Stadtrat – leider vergeblich – ein Gesetz eingebracht, das jedermann, der sich

The Bear Garden and Hope Theatre 1616

Bear Garden

an Bull- oder Bearbaiting beteiligte, mit 5 Pfund Strafe bedrohen sollte. Im Unterhaus in London wurde 1802 ein Gesetzentwurf für das ganze Land zur Abschaffung aller Tierkämpfe vorgelegt, aber auch dieser kam nicht durch. Man sah in der öffentlichen Meinung des Landes hier eine Verschwörung zwischen den Jakobinern und den Methodisten mit dem Ziele, das Leben eintönig zu machen und die Regierung zu stürzen. Der Entwurf wurde mit einer Mehrheit von dreizehn Stimmen verworfen.

Dennoch ist die Rede des Abgeordneten Sheridan es wert, der Nachwelt überliefert zu werden. Wir zitieren hieraus: »Welch ein moralisches Leitbild gibt eigentlich der Farmer seiner Frau und seinen Kindern? Er verkauft seinen Bullen, damit er von Hunden zu Tode gehetzt wird. Sie müssen es mit ansehen, wie dieses arme, harmlose Tier von den Hunden angefallen wird, wie ihm die blutende Zunge von den Bestien aus dem Maul herausgerissen wird. Es ist dasselbe Tier, das jahrelang gehegt, gepflegt und geliebt wurde. – Aber die Grausamkeit gegenüber dem Bullen ist nicht die einzige, die bei diesen Kämpfen zu beklagen ist. Welches Vorbild gibt beispielsweise der Farmer seinen Kindern, der seine alte Bull-Hündin, viele Jahre der treue Wächter von Haus und Hof, zusammen mit ihren Welpen in den Bullenring schleppt, um die Kühnheit seiner Zuchtprodukte unter Beweis zu stellen? Er bringt die Hündin in die Arena und hetzt sie gegen den wutschnaubenden Bullen. Sie packt den Bullen bei der Nase und zwingt ihn zu Boden. Aber was ist der Lohn des Herrn für sein Lieblingstier, inmitten des Jubelschreies der Massen? Er schreit nach einer Heckenschere und – um die Schärfe seiner Hunde zu beweisen – zerstückelt er die Hündin mit der Schere, ohne daß diese dabei vom Bullen abläßt! – Anschließend verkauft der Farmer den Nachwuchs der Hündin für fünf Guineas das Stück!«

Ist es nicht außerordentlich interessant, daß hier im englischen Unterhaus im Jahre 1802 uns die schon wohlbekannte Geschichte des bei lebendigen Leibes zerstückelten Kampfhundes wiederbegegnet? Ob Mr. Sheridan wußte, daß schon Aelian 220 n. Chr. von dem Feldzug Alexander des Großen nach Indien eine ähnliche Geschichte berichtete, nur daß der Gegner des Hundes hier ein Löwe war?

Auch nach der Niederlage im Parlament kämpften im ganzen Lande verantwortungsbewußte Tierfreunde weiter für die Abschaffung der Kämpfe. In den »Annuals of Sporting for 1822« erscheint ein Interview zwischen dem Eigentümer einer Dog-Pit in London, Charley Eastup, der als Original seiner Zeit galt und einen Mr. Martin, einem der Führer der humanitären Bewegung. Mr. Martin besuchte die Pit, um sich einen persönlichen Eindruck zu verschaffen. Hier das Ergebnis:

»Ich möchte mir gerne Ihre Tiere ansehen, die in der Pit kämpfen.«
»Mit dem größten Vergnügen, mein Herr!«. Charley verneigt sich vor Mr. Martin und führt ihn in die Pit.
»Wie ist Ihr Name, bitte?«
»Mein Lord, mein Herr, kennen Sie nicht Charley Eastup?«
»Nein, eigentlich nicht. Nun, was haben Sie mir zu zeigen?«
»Hier, mein Herr, dies ist der Bär, und es ist ein sehr kostbarer. Es gibt keinen Hund in ganz Westminster, der ihn verletzen könnte. – Hier habe ich drei Dachse in ihren Ställen, soll ich Ihnen einen zeigen, Sir?«
»Ja, ich bitte darum.«
»Hier, mein Herr, sehen Sie sich diesen hübschen Burschen einmal an. Er ist ein sehr kostbarer ›cutter‹, kann ich Ihnen sagen. Er ist einer von denen, die zu geben und zu nehmen verstehen. Dies kann man bei allen seinen Kämpfen sehen. Ja, Sir, Sie werden es kaum glauben, aber dieser Dachs wurde am Mittwoch vor einer Woche mehr als zweihundertmal ›gezogen‹, und heute ist er so munter wie ein neugeborener Aal.«
»Was heißt hier gezogen?«
»Mein Herr, Sir, das wissen Sie nicht? Nun, sehen Sie, wir stecken den Dachs in diese lange Röhre, an deren Ende eine Tür ist. Dann stelle ich mich neben die Röhre und öffne diese Tür und der, welcher gerade mit seinem Hund den Dachs herausziehen will, fällt aufs Knie, hält den Hund mit der linken Hand im Genick und mit der rechten fest am Schwanz. Dann öffnet er die linke Hand und läßt den Hund auf den Dachs los. Der Hund packt fest zu, wenn er auch nur das Knacken einer Laus wert ist. Dann zieht der Hundebesitzer sein Tier am Schwanz heraus, zusammen mit dem Dachs. Ich packe den Dachs am Schwanz, der Mann steckt den Schwanz seines Hundes in den Mund und beißt fest zu, dann läßt der Hund aus. Der Dachs fällt herunter, und ich werfe ihn mit einem Ruck in die Röhre zurück und schließe die Tür wieder zu. Dies ist, was wir unter ›Ziehen‹ verstehen.«
»Nun, ich finde dies aber abscheulich grausam. Es ist mir unverständlich, daß Sie hieran Vergnügen empfinden können!«

»Mein Lord, Herr, dies ist überhaupt nicht grausam, sie sind es gewöhnt. Ich sehe schon, Sie gehören nicht zur ›fancy‹, Sir, und so können Sie diese Dinge auch nicht richtig verstehen. Aber ich will Ihnen gerne alles erklären. Sehen Sie, ich unterhalte diese Pit mit einem Bären, zwei oder drei Dachsen und zwei oder drei ›hack-dogs‹. Ein ›hack-dog‹ ist einer, der dafür gehalten wird, daß er echten Sport zeigt, wenn es keine guten Hunde aus dem Publikum gibt. Ich lasse zwei Tage in der Woche kämpfen, montags und mittwochs. Ich verlange six Pence je Einsatz und lasse sie alle Hunde bringen, welche sie immer wollen. Nur bei Nachtvorstellungen, die eigens für besondere Kämpfe angesetzt werden, nehme ich als Eintritt einen Schilling von einem armen Mann und ein Gentleman, wie Sie einer sind, mein Herr, der gibt eben, was er für richtig hält. Nun, Sir, wenn der Sport anfängt, ist es das erste, die Hunde in Paare aufzuteilen. Verstehen Sie, was das ist?«

»Leider nein!«

»Nun, das heißt, daß immer zwei vereint werden, die ihre Hunde für ein ›turn-up‹ zusammenlassen wollen.«

»Turn-up, was heißt dies?«

»Mein Herr, Sir, ich sehe, Sie sind wie ein Kind! Turn-up, dies ist ein Kampf, ein Hund gegen den anderen, was soll das denn sonst wohl sein? Entweder ›from the scratch‹ oder wie Sie es eben wollen. Nein, wenn Sie dann mit diesen Dingen zufrieden sind, dann ziehe ich den Bären heraus, und die, welche es wollen, ›run at him‹.«

»Auf den Bären losrennen? Ich wäre mir wirklich zu schade, auf den Bären loszurennen.« Draußen hört man den Bären fröhlich nach seinem Mittagessen brummen. Mr. Martin geht auf die Tür zur Pit zu und sagt etwas ärgerlich:

»Kommen Sie, halten Sie mich nicht zum Narren, ich würde gerne den Menschen sehen, der auf einen Bären losrennt.«

»Hahaha! Haben Sie keine Angst vor ihm, er ist so ruhig wie ein neugeborenes Lamm. Mein Lord, Herr, wie unwissend müssen Sie sein. Es sind Hunde, die auf den Bären losgehen, nicht Menschen. Ha, ha, ha, oh mein Herr, ich wünschte, Jack Goodlade und Jos wären hier, wie würden sie alle lachen. Nun Sir, ich möchte Ihnen ja alles wirklich erklären. Die Hunde gehen auf den Bären los, bis sie genug davon haben, und sie haben schnell genug, denn er ist ein erfahrener Bär. Danach schließe ich den Bären wieder ein und bringe die Dachsröhre heraus, für die, welche gern zwei- oder dreimal den Dachs herausziehen möchten. Natürlich nicht die Menschen, Sir, Sie verstehen es doch richtig, es sind die Rüden und Hündinnen, denn es macht ihnen allen große Freude, wenn sie von der rechten Sorte sind. Wenn dann alle ihre Chance hatten, schließe ich die Röhre zu, blase die Lichter aus und jedermann geht seiner Wege.«

»Aber Sie haben mich in keiner Weise davon überzeugt, daß dieser Sport nicht grausam wäre. Denn natürlich beißen die Hunde den Bären und auch den Dachs fürchterlich, und die Hunde werden auch wiederum gebissen.«

»Nun ja, Sir, sie alle beißen, so gut sie können, aber sie verletzen sich nicht und wenn, so kann ich auch nichts dagegen tun. Der Affe, der arme Kerl! Oh Sir, ich habe das beste Tier verloren, das je in dieser Pit kämpfte. Armer Jacco! Er war der Kerl, der biß! Aber letzten Mittwoch, da haben sie ihm alles Beißen ausgetrieben. Der verdammte Köter hat ihm den Unterkiefer weggerissen, und er war tot wie ein Schaf in einer halben Stunde. Nun denn, der Hund starb ja auch, dies ist mir ein Trost!«

»Warum, war er auch gebissen?«

»Ja, in der Tat, er war wohl gebissen. Der arme Jacco hatte ihm die Luftröhre in zwei Teile zerschnitten, glatt und sauber, und so ging auch er zum Teufel, fünf Minuten später als mein armer Jacco in meinen Armen starb!«

»Monstrum! Ich werde dies im Parlament vorbringen!«

»Nun Sir, es gibt nur drei oder vier Pits in ganz London und wahrscheinlich werden sie einen oder zwei Bären jährlich töten, und vielleicht einhundert Dachse und vielleicht zwanzig oder dreißig Hunde!«

Dieser Besuch bei Charley Eastup gibt uns einen letzten drastischen Eindruck über das Geschehen in der Pit, zeigt aber auch gleichzeitig, wie naiv und unwissend die ehrenwerten Mitglieder des Unterhauses diesen Geschehnissen gegenüberstanden.

Daß dennoch in den einzelnen Grafschaften Schritte gegen die Tierquälereien eingeleitet wurden, ersehen wir aus einer Notiz aus einer Zeitungsausgabe der »Lichfield Mercury« im Oktober 1828: »Die grausamen und abscheuli-

chen Szenen in Greenhil Wakes an den Abenden des Montags und Dienstags wurden gestern in der Stadthalle öffentlich verfolgt. Wie wir schon in der letzten Woche berichteten, waren die Hauptveranstalter dieser Brutalitäten Stadtfremde. Wie wir weiter herausfanden, gehören sie zu einer Bande von Schuften, die Bullen aufkaufen und mit ihnen von Ort zu Ort ziehen, um sie gegen Hunde kämpfen zu lassen. Sie erhalten beträchtliche Geldsummen für ihr unmenschliches Treiben.« – Es wird dann weiter ausgeführt, daß die Verantwortlichen für diese Kämpfe offiziell an Strohmänner ihre Bullen verkaufen, um hierdurch im Falle einer Bestrafung sich selbst im Hintergrund halten zu können. Die Untersuchung ergab jedoch die Verantwortlichkeit der Hintermänner, die alle aus Wednesbury und Umgebung stammten. Jeder von ihnen mußte zwei Pfund, zehn Schillinge Strafe bezahlen, und da sie angeblich kein Geld besaßen, wurden sie ersatzweise zu einer Strafe von drei Monaten Gefängnis verurteilt. Die Bestrafung erfolgte nach der General Turnpike Act 3, Georg IV, c. 126, 121st section, wonach alle Personen zu bestrafen sind, die auf oder in der Nähe öffentlicher Straßen Bullenkämpfe veranstalten, wodurch andere sich belästigt fühlen.

Naturgemäß erscheinen diese Strafen gering, gemessen an den Erlösen bei der Durchführung von Bull-Baits. Die Eingesperrten wußten sich sicher schnell wieder freizukaufen. Es bedurfte wesentlich härterer Gesetze, um hier eine Änderung zu bewirken.

Ein zweiter Gesetzentwurf wurde 1829 im Unterhaus eingebracht, dieser verfiel der Ablehnung mit sogar einer Mehrheit von fünfundvierzig Stimmen. Die Ablehnung wurde damit begründet, die Armen im Lande litten ohnedies schon an zu vielen Einschränkungen ihrer wenigen Vergnügen. Es sei politisch sehr unklug, der »lower class« ihre Vergnügen wegzunehmen. Wenn dabei einmal jemand zu Tode komme, sei er selbst Schuld daran. Besonders wurde auf die Gefahr hingewiesen, daß durch ein solches Verbot etwa die kostbare alte Rasse der englischen Bull Dogs aussterben könne, – das Symbol des englischen Nationalcharakters.

Die Befürworter des Gesetzes argumentierten mit den ethischen Gesetzen der Menschlichkeit. Sie betonten, daß gerade dieser englische Bull Dog eine recht zweifelhafte Rolle spiele und schrecklichen Anteil habe an den übelmachenden Szenen der Grausamkeit im gesamten Lande. Für einen Teil der Bevölkerung von England werde der Bull Dog jetzt zum »Kriminellen unter den Hunderassen«, zu einem »Monster der Wildheit«.

Nach der erneuten Ablehnung wurde von den Tierfreunden in mühevoller Kleinarbeit die öffentliche Meinung weiter mobilisiert. Auch die anglikanische Geistlichkeit trat jetzt an die Seite der Tierfreunde und forderte das Verbot. 1832 brach im Black-Country, dem Kohlen- und Stahlzentrum des Landes, eine schreckliche Cholera-Epidemie aus, die ganze Landstriche entvölkerte. Trotz immer neuen Protesten bestanden die »Bullenhanger« darauf, auch in dieser traurigen Zeit ihre grausamen Massenbelustigungen fortzusetzen. Der Sonntag sollte im ganzen Lande der Hilfe und Fürbitte zu Gunsten der von der Seuche Heimgesuchten dienen. Den selben Tag wählten die Veranstalter für ihre grausamen Tierkämpfe!

Das Gewicht der öffentlichen Meinung konnte trotz mannigfaltiger Einflußnahme der an der Fortsetzung dieser Kämpfe interessierten Kreise vom englischen Parlament nicht länger übergangen werden. So erließ das Parlament im Jahre 1835 ein Gesetz, das jegliche Art von Tierkämpfen verbot und unter Strafe stellte. Dieses Gesetz verbot, irgend ein Haus, eine Pit oder einen anderen Platz zu unterhalten, um Bullen, Bären, Hunde oder irgend ein anderes Tier darin kämpfen zu lassen.

Es gibt jedoch viele Berichte, wonach noch

eine ganze Reihe von Jahren ins Land ziehen mußte, bis dem Gesetz Geltung verschafft werden konnte. Bis dahin waren gerade die Bullen in Städten wie Wildenhall, Tipton und Bilston noch immer vogelfrei. Die Bären- und Bullenkämpfe waren jedoch verhältnismäßig leicht zu entdecken, bedurften sie doch für ihre Organisation größerer Räumlichkeiten. Die Polizei konnte hier dem neuen Gesetz entsprechend bald hart durchgreifen. Die Hundekämpfe dagegen gingen in den »Untergrund«, vielleicht gewannen sie sogar noch einiges mehr an Popularität, da die anderen Kampfveranstaltungen bald unmöglich geworden waren. Es dauerte noch siebzig Jahre und mehr, bis auch die Hundekämpfe in England praktisch eingestellt waren.

Dennoch müssen wir uns darüber im klaren sein, daß auch heute, im Jahre 1981, mit Sicherheit noch immer Tierkämpfe stattfinden. Dies haben wir bereits in der Besprechung des Hundekampfes nachgewiesen. So bleibt leider nur die schwache Hoffnung, daß der Mensch sich doch noch eines Tages überall in der Welt seiner Würde bewußt wird, und seine Tiere nicht länger mißbraucht. Nichts gegen unsere Kampfhunde, sie haben neue Aufgaben gefunden, wie wir noch sehen werden, aber Schluß mit Grausamkeit und Tierquälereien!

Dogfight Vignette, Plakatentwurf, Aquarell des Malers Rowlandson, ca. 1800

Foto: Lazi Perenyi; Sammlung: Dr. Fleig

Donkey attecked by Staffords, Ölgemälde ca. 1840   Foto: Lazi Perenyi; Sammlung: Dr. Fleig

136 Terrier am Fuchsbau.
Diese Bronze von P. J. Mène aus der Mitte des 19. Jahrhunderts zeigt zwei Bullterrier mit einem Cairn Terrier am Fuchsbau
Foto: Lazi Perenyi; Sammlung: Dr. Fleig

Vorschau auf

Kampfhunde II

(erscheint 1982)

Inhalt

I. Alte Kampfhunderassen
 1. Tibetdogge
 2. Molosser
 3. Bullenbeißer
 4. Mastiff
 5. Bulldog
 6. Bull and Terrier
 7. Dänische Dogge
 8. Chincha Bulldogge

II. Moderne Kampfhunderassen
 1. Mastiff
 2. Bulldog
 2. Bullmastiff
 3. Bulldog

 4. Bordeaux-Dogge
 5. Französische Bulldogge
 6. Mops
 7. Deutsche Dogge
 8. Boxer
 9. Bull Terrier
 10. Staffordshire Bull Terrier
 11. Staffordshire Terrier
 12. Dogo Argentino
 13. Filia Brasiliero
 14. Mastino Napoletano
 15. Tosa
 16. . . . . .
 17. . . . . .
 18. . . . . .

III. Kampfhunde in der Zukunft

Tyger and his Master. The Duke of Hamilton mit Kampfbulldog. Kupferstich ca. 1790
Foto: Lazi Perenyi; Sammlung: Dr. Fleig

KYNOS VERLAG

Helga Fleig · D-5537 Mürlenbach/Eifel · Haus Alemannentrutz · Tel. (06594) 653

Aus unserem Verlagsprogramm

VERHALTENSFORSCHUNG

Trumler, Eberhard · DAS JAHR DES HUNDES
Faszinierender Farbbildband in Großformat mit 168 Fotos, Dokumentation der Entwicklungsstadien und des Verhaltens vom Neugeborenen bis zum Jährling. Ein SCHLÜSSELBUCH zum Verständnis des Hundes, Grundlage für jede Hundeerziehung. Das schönste und wichtigste TRUMLER-BUCH. DM 62,80

Trumler, Eberhard · DER SCHWIERIGE HUND
WISSEN STATT WAFFENSCHEIN. Ein Buch, das für jedes Haltungs- und Erziehungsproblem Rat weiß. Zur reibungslosen Integration unseres Haushundes in unsere moderne Umwelt. UNVERZICHTBARER LEITFADEN für jeden Hundefreund. Bereits in der 3. Auflage! DM 34,—

Trumler, Eberhard · MENSCH UND HUND
DAS NEUE TRUMLER-BUCH mit völlig überraschenden Erkenntnissen aus der Verhaltensforschung. Leitfaden für den harmonischen Weg vom Welpen zum Familienhund. SEHR EMPFEHLENSWERT! DM 39,80

Beckmann, Gudrun · DER GROSSE HUNDE-KNIGGE
Das Verhalten von Mensch und Hund in der Umwelt des 20. Jahrhunderts. Dieses Buch bekämpft erfolgreich alle Vorurteile gegen Hunde, Fehlverhalten der Hundebesitzer gegenüber ihrem Hund und der Umwelt. Das hier gespeicherte umfassende Wissen führt zu einer problemfreien Hundehaltung. Dieses Buch wurde zum Auslöser befreiender Diskussionen in Funk, Fernsehen und Tagespresse. Eine große Hilfe für alle Hundefreunde, welche mit ihren Vierbeinern in Harmonie zur Umwelt leben möchten. DM 39,80

HALTUNG UND ERZIEHUNG

Milani, Dr. Myrna M. · DIE UNSICHTBARE LEINE
Ein besserer Weg zum Verständnis Deines Hundes. In einem Welterfolg unter den Hundebüchern erklärt die Tierärztin die faszinierende Welt der Sinne eines Hundes. Über das Verständnis der unterschiedlichen Sinnesleistungen von Mensch und Hund erwächst die Brücke zum vollen Verständnis des Hundes, seiner Haltung und insbesondere der erfolgreichen Erziehung. Damit wird dieses Buch zum Schlüssel für eine befriedigende Haltung und Erziehung des Haushundes. DM 39,80

Most, Konrad · DIE ABRICHTUNG DES HUNDES
Vom „Schöpfer des Diensthundewesens" für den aktiven Hundesportler, aber auch für jede Hundeerziehung. Ihr Hund arbeitet schneller, freudiger und zuverlässiger. Der Ausbilder erfährt exakt, „wie sein Hund denkt".
15. Auflage, völlig neu bearbeitet (Fritz Rasch) DM 39,80

K. Most/F. Mueller-Darss · ABRICHTEN UND FÜHREN DES JAGDHUNDES
Völlig überarbeitete Neuauflage dieses herausragenden Erziehungsbuches (Uhde/Krewer). Eine Fundgrube für den Abrichter. Das Wissen von Jagdgebrauchshundeführern vereint mit dem erfahrensten Diensthundeführer. Sehr empfehlenswert für jeden Jagdhundehalter. DM 39,80

EINZELNE HUNDERASSEN

DAS RASSE – PORTRAIT

Umfang jeweils etwa 300 Seiten, davon 100 Bildseiten. PROFILIERTE KENNER der einzelnen Rassen portraitieren ausführlich in Wort und Bild „ihre Hunderasse". Ein Fachbuch, das dem Hundebesitzer alles über seinen Hund sagt.
Jedes Buch: DM 49,80

Dr. Hans Räber · SCHNAUZER – PINSCHER
Dr. Wilfried Peper · WEST HIGHLAND WHITE
Winfried Nouc · DEUTSCHE DOGGE
Walt Weisse · BOXER
Pat Busch · GOLDEN RETRIEVER
Dr. Chr. v. Bardeleben · AIREDALE TERRIER

Fleig, Dr. Dieter · GLADIATOREN I & II
Deutschsprachige Standardwerke über den Bull Terrier. Alles über Rassegeschichte, Zucht, Haltung, Erziehung und Pflege. Band I „Das Portrait einer faszinierenden Hunderasse". Band II Dokumentation der Rasse in England, Deutschland und anderen Ländern. Hinweise über sachgerechte Erziehung und Haltung. Bd. I DM 38,—; Bd. II DM 40,—

Horner, Tom · ALLES ÜBER DEN BULL TERRIER
Eines der besten Bücher aus dem Mutterland von einem Kenner der Rasse. Anatomie, Ausstellung, Haltung, Zucht und Pflege. DM 42,—

Bolt, Erika · SCHMETTERLINGSHÜNDCHEN
PAPILLON und PHALENE, zwei reizende Kleinhunderassen, vorgestellt von einer der besten Kennerinnen und Züchter des Papillons. Für jeden Kleinhundefreund. DM 38,—

Fleig, Dr. Dieter · STAFFORDSHIRE BULL TERRIER
Das erste umfassende, deutschsprachige Fachbuch über die Rasse. Geschichte, Standard, Zucht, Haltung, Erziehung. Reich illustriert. DM 42,—

REPRINTS – KLASSIKER UNTER DEN HUNDEBÜCHERN!

Strebel, Richard · DIE DEUTSCHEN HUNDE
Die Entstehung der Rassehunde in Deutschland und der ganzen Welt. „Ein großartiges Werk, das in unserem Schrifttum nicht seinesgleichen findet!" Eine Fundgrube für jeden Hundefreund. Zwei großformatige Bände, 16 Farbtafeln, reich illustriert.
Über 700 Seiten. Reprint der Erstausgabe 1903/05. DM 136,—

Beckmann, Ludwig · GESCHICHTE UND BESCHREIBUNG DER RASSEN DES HUNDES
Das LEBENSWERK DES GROSSEN KYNOLOGEN in zwei Prachtbänden. Dokumentation der Rassehundezucht zur Jahrhundertwende. 120 Einzelrassen auf 768 Seiten mit mehr als 250 Illustrationen. Reprint der Erstausgabe 1894.
DM 148,—

Alle unsere Hundebücher sind **unter dem Patronat des Verbandes für das Deutsche Hundewesen e. V. Dortmund (VDH)** herausgegeben.

KYNOS VERLAG

Helga Fleig · D-5537 Mürlenbach/Eifel · Haus Alemannentrutz · Tel. (06594) 653

Aus unserem Verlagsprogramm

RASSEGRUPPEN

Horner, Tom · DIE TERRIER DER WELT
STANDARDWERK über Terrier. 32 Terrierrassen werden vom international anerkannten Fachmann ausführlich in Wort und Bild vorgestellt. Das gründlichste und aussagekräftigste Terrierbuch für jeden Hundefreund. DM 49,80

Weisse, Walt u. a. · MOLOSSER
KARIKATUR, KAMPFMASCHINE ODER KAMERAD? Ein ausführliches Portrait der zu Recht so bewunderten Rassen Mastiff, Bullmastiff, Bordeaux Dogge, Fila Brasileiro & Mastino Napolitano.
328 Seiten, 168 Abbildungen. DM 49,80

Fleig, Dr. Dieter · KAMPFHUNDE I & II
Bd. I GESCHICHTE UND AUFGABEN DER KAMPFHUNDERASSEN. Dokumentation, wie aus dem Mißbrauch der Tiere die mutigen und selbstbewußten Kampfhunderassen entstanden. Ein Schlüssel zum Verständnis des Wesens der Kampfhunde. Historische Dokumentation. Bd. II AUSFÜHRLICHE BESCHREIBUNG der 8 Ausgangsrassen und Einzeldarstellung der 16 modernen Kampfhunderassen, ihrer Vorzüge und Schwächen. Ein kritisches Buch, das viele heiße Eisen anpackt. Jeder Band jeweils DM 45,—

Gelbrich, Dr. Uli · TIBETISCHE HUNDE
Umfassende Dokumentation von Tibet Terrier, Lhasa Apso, Tibet Spaniel, Shi Zsu, Tibet Dogge & Shakhyi. Liebhaber dieser Hunde finden umfangreiches Wissen über Herkunft, Zucht, Haltung, Rassestandards und Verhaltensweisen. DM 38,—

DWZRV · DAS GROSSE WINDHUNDEERBE
Originalgetreues Reprint des Jubiläumszuchtbuches 1931/32. Das Wissen über Windhunde aus allen Ländern der Welt ab ihrer Entstehung. Unentbehrliches Handbuch für die Bibliothek jeden Windhundefreundes mit 791 Einzelabbildungen! 783 Seiten. DM 69,80

Hölzel, Manfred · DIE DEUTSCHEN VORSTEHHUNDE
„Wer im Jagdhundewesen, aber hier speziell über Deutsche Vorstehhunde mitreden will, findet in diesem Buch die Grundlage eines breiten Wissens." (v. Bracht). Verknüpfungen jagdlicher Brauchbarkeit mit den anatomischen Zuchtzielen. Eine Fundgrube im jagdkynologischen Bereich. DM 49,80

HUNDEZUCHT

Fleig, Dr. Dieter · DIE TECHNIK DER HUNDEZUCHT
Handbuch für Züchter und Deckrüdenbesitzer mit NEUEN ZUCHT-PRIORITÄTEN: GESUNDHEIT, INTELLIGENZ, LEISTUNGSVERMÖGEN und SCHÖNHEIT! Detaillierte Darstellung von Paarung, Schwangerschaft, Geburt und Welpenaufzucht. „Dem Autor Dr. Dieter Fleig meine Gratulation zu diesem Buch – es hat derzeit keine Konkurrenz!" (Prof. Dr. W. Schleger). 250 Seiten, 144 Abb. 18 Tab. DM 46,—

ERZÄHLUNGEN UND GESCHENKBÜCHER

Eipper, Paul · DIE GELBE DOGGE SENTA DM 35,—
Brand, Max · DER WEISSE WOLF DM 32,—
Harding Davis, Richard · BAR SINISTER DM 32,—
Schrey, Joachim · PAULA, Treue ohne Furcht & Adel DM 29,80
Beke, Bertus · ALLES IM SPIEL DM 25,—
Beke, Bertus · OH, – DIESE BULL TERRIER! DM 34,—
Zimmermann, Barbara · HUNDE – NICHT GANZ ERNST GENOMMEN! DM 29,80

IN VORBEREITUNG

DAS RASSE – PORTRAIT: (DM 49,80)

Sigrid Kalina · PUDEL
Osman A. Sameja · YORKSHIRE TERRIER
Dr. Peter Beyersdorf · SPANIEL
Jochen H. Eberhardt · BEAGLE
Gerhard Dalla-Bona · DEUTSCHER SCHÄFERHUND
Dr. Antonio Morsiani · BERNHARDINER

DAS GROSSE LEXIKON FÜR HUNDEFREUNDE · Dangerfield Howell
Umfassendes Nachschlagewerk für Kenner und Laien. Dieses Lexikon enthält ausführliche Informationen über Hunderassen, Haltung, Zucht, Ausbildung, Krankheiten und Verhaltensforschung. 130 einmalige Farbaufnahmen, zahlreiche Abbildungen. Völlig neu bearbeitet, etwa 600 Seiten. Neuerscheinung Ende 1990. DM 98,—

Sally Anne Thompson · FOTOGRAFIERE DEINEN HUND!
Eine Fotoschule für Jedermann! Der Weg zum eigenen Spitzenfoto! Die bekannteste und erfolgreichste Hundefotografin der Welt gibt Ratschläge aus jahrzehntelanger Praxis und veranschaulicht ihre schönsten Fotos. 60 Farbfotos, zahlreiche schwarz-weiß-Fotos, ca. 160 Seiten, Frühjahr 1989. DM 49,80

Beute-Faber · DER HUND von außen, von innen und in der Bewegung
Eine umfassende, vergleichende Anatomie des Haushundes. Großformat, reichhaltig farbig illustriert, etwa 200 Seiten. Ein Buch, das es jedem Hundefreund ermöglicht, den gesamten anatomischen Aufbau und die Körperfunktionen zu verstehen. Ende 1990. ca. DM 98,—

NEUERSCHEINUNGEN

COLLIE, BOBTAIL, BULLDOG, RETTUNGSHUNDE, TRIMMEN & PFLEGEN!

Ioan. Stradan. inuen
Ioan. Galle excud